August Wilhelm Iffland

Verbrechen aus Ehrsucht

ein ernsthaftes Familiengemälde in fünf Aufzügen

August Wilhelm Iffland

Verbrechen aus Ehrsucht
ein ernsthaftes Familiengemälde in fünf Aufzügen

ISBN/EAN: 9783743430525

Hergestellt in Europa, USA, Kanada, Australien, Japan

Cover: Foto ©ninafisch / pixelio.de

Manufactured and distributed by brebook publishing software (www.brebook.com)

August Wilhelm Iffland

Verbrechen aus Ehrsucht

ein
ernsthaftes Familiengemählde
in fünf Aufzügen
von
Wilhelm August Ifland.

bey C. F. Schwan und G. C. Götz,
1787.

Ihro Excellenz

der

Freifrau von Dalberg,

gebornen von Ullner

unterthänigst gewidmet

von

dem Verfasser.

Statt wichtiger Aenderungen, finden die Leser nur geänderte Lesarten? Hiervon bin ich Rechenschaft schuldig.

Das Publikum, hat diesem Stücke in den Vorstellungen so warmen Antheil geschenkt, daß ich fürchten müßte, die Täuschung zu unterbrechen, wenn ich einem Gemälde, vor dem man sich gern verweilte, auf einmal ein anderes Licht, andere Figuren gegeben hätte. Ich hätte statt des Genußes, die Zuschauer auf Kritik geleitet — und darum blieb es bei diesem dismal; deshalb brechen Hofrath und Hofräthinn die Farben immer noch so hart. Den Juden darf ich nicht weg nehmen; seine laute unbarmherzige Stimme muß nicht fehlen.

Man hat mir den Vorwurf gemacht

,, mit der Judensprache habe ich Spaß

,, machen wollen.

Ach nein. Der Jude spricht so: weil die Juden so sprechen.

In der Vorrede zu der ersten Auflage, dankte ich dem Publikum von Mannheim und den Schauspielern, für Aufmerksamkeit und Spiel. Dieß muß ich nach drei Jahren wiederholen. Mit Rührung sehe ich — nach öftern Wiederholungen, gedrängte Reihen im Schauspiel, und weiß, daß diesem Stücke noch Tränen fließen.

Es ist unmöglich sage ich mir oft, daß die mir ihren Antheil versagen sollten, denen ich sanfte Tränen entlocke!

Es liegt etwas Erhebendes in diesem Gedanken, und die Ueberzeugung daß ich keine Gefühle vorgebe — ist ein edler Reichthum!

Drei

Drei Jahre — sind in der dramatischen Welt, ein Jahrzehend. In dieser feinen, gebrechlichen Maschine, geht alles schneller zu Ende; Freuden, Leiden — Alles. Die Räder greifen rasch ineinander, reiben sich ab, die feinen Leitungen, verkürzen, verwickeln sich — die feste Hand der Gesetze greift oft nothwendig in dieß leise Gebiet der Phantasie — dann liegt es an einer feinen Hand, mit dem Griff so einzusetzen, daß geschont und erhalten, verbessert und nicht entnervt wird.

Da dieß so ist: so sage ich es mit warmen Dank für unsern würdigen Intendanten. Noch immer steht der **Freiherr von Dalberg** an der Spitze dieser Bühne. Diese männliche Ausdauer ist Würde, und Ruhm ist es für die Mannheimer Bühne, sie zu verdienen!

Auch die Künstler, die dieß Stück darstellten, sind noch dieselben — — Einen Namen mußte ich

ich durchstreichen — — den Namen der unvergeßlichen Karolina Beck.

Ja wohl geht alles schneller bei uns zu Ende — Freuden — Leiden — und auch das Leben!

Auch das Leben!!

Diese Tränen, die wir vergießen machen, dieß Lächeln daß wir so gern geben — kostet uns ein früheres Grab!

Darinn fühlt sich es auch wahr und edel — Diesen Beruf mit Wahl und Ernst üben, giebt würdiges Bürgerrecht!

Mannheim
den 22ten Febr. 1787.

Wilhelm August Ifland.

Personen

Personen:

Obercommissair Ahlden.	Herr Beil.
Secretair Ahlden, sein Sohn.	Herr Böck.
Rentmeister Ruhberg.	Herr Iffland.
Mad. Ruhberg, seine Frau.	Mad. Renuschüb.
Eduard Ruhberg, } seine Kinder.	Herr Beck.
Louise Ruhberg,	Mad. Ritter.
Baron von Ritau.	Herr Rennschüb.
Hofrath Walther.	Herr Herter.
Die Hofräthin, seine Frau.	Dem. Boudet.
Ein Fiskal.	Herr Gern.
Doktor Eivers.	Herr Kirchhöfer.
Haushofmeister Lorenz.	Herr Pöschel.
Christian, Bedienter,	Herr Richter.
Henriette, Kammermädchen, } im Ruhbergischen Hause.	Mad. Nikola.
Ein Jude.	Herr Frank.
Ein Ladendiener.	Herr Backhaus.
Ein Gerichtsdiener.	

Zum erstenmal aufgeführt den 9ten März 1784.

Erster Aufzug.

Erster Auftritt.

(Ein bürgerliches Zimmer nur zwey Flügel tief, mit einer Mittelthüre. Ein Schreibtisch, worauf zwey Bund Akten, und einige Bücher liegen. Es ist Morgen.)

Secretair Ahlden

(sitzt an dem Schreibtische, steht auf und beschäftiget sich mit dem einen Bund Akten. So viel es ohne die Wahrheit zu beleidigen seyn kann, machen es die Abwechselungen seiner Beschäftigungen vergessen, daß er einen Monolog sagt.)

— Ein heitrer schöner Morgen zu einem so wichtigen (bedenklich) wichtigen Tage! (die Arbeit verlassend) Der Tag entscheidet — Wohl mir, daß ich die Bahn breche — wohl mir! Der alte Ruhberg ist ein grader Mann, somit kann meine grade Anwerbung ihm nicht mißfallen. — Hm! Ist's doch, als ob selbst die Natur in ihrer gefälligsten Gestalt diesen Tag feyern wollte. — Meine Arbeit gelang mir besser als je;

je; mein Blut fließt so leicht — ich habe ganz den Muth, der über Schwierigkeiten hinaus sich Wege bahnt, — nur mein Vater — seine Heftigkeit, sein projectiren einer andern Verbindung? — Seys! Kenne ich nicht sein Herz? Die Sache mag Ernst werden — traurig wird sie nicht.

Zweyter Auftritt.

Oberzahlcommissair Ahlden, und Secretair Ahlden, sein Sohn.

Obercomm. Guten Morgen, mein Sohn!

Secr. Herzlichen Dank mein lieber, guter Vater.

Obercomm. Ich glaube, du sprachst mit dir selber? he! — Ja du hast mit dir selbst gesprochen. Das mußt du nicht thun.

Secr. Es wäre — ich weiß nicht —

Obercomm. Ja die Leute wissen es niemals, daß ist schon so. — Es ist eine böse, böse Gewohnheit. Du weißt, ich habe es an unsrer seeligen Muhme nie leiden können. — Apropos — eh ich eins ins andre rede — — da bringe ich dir deine Defension zurück. — Ist dir mit Gottes Hülfe recht brav gerathen. Recht brav! — Es ist Leben darinne. Keine Kniffe, kein Geschwäz — Herz und Leben! Das heißt seiner Parthie dienen: dafür wird dich auch Gott segnen, mein Karl!

Secr.

Secr. Wenn sie wüßten, was ihr Lob in mir wirkt! Unternehmungsgeist, Ausdauer —

Obercomm. Hm! hm! — Soll mir lieb seyn! Aber höre — laß doch die neumodischen Wörter aus deiner Arbeit weg. Zeig einmal her, (suchend) hr — brr — hm — hn — — Ja! da — Bestimmung — Drang der Verhältnisse — Leidenschaft — he! was haben die Leidenschaften in einer Defension zu thun?

Secr. Die Leidenschaften aber doch so vieles mit den Menschen —

Obercomm. Alle gut' — alle gut — aber du weißt, die hohen Herren lassen es nicht passiren.

Secr. Sollte nicht jeder thun, was an ihm ist, daß der Mensch nach der Sache gerichtet würde, nicht nach den todten Buchstaben?

Obercomm. Nun ich kann es nicht gerade zu tadeln, daß du dir einen eignen Stylum gewählt hast, mein Sohn — Ihr mögt freylich Anno 87 wohl anders schreiben, als wir Anno 40. weil denn aber doch noch so viele von Anno 40 da sind — so richte es allemal so ein, daß die es auch verstehen. — Das bey Seite — Warum ich eigentlich zu dir komme —

Secr. Das wäre —

Obercomm. Der Bergrath Wohlzahn reiset die kommende Woche auf das Gut. Ich habe vorläufig mit ihm gesprochen. — Es wird alles gut gehen — Du kannst dich produziren; dann deine Sache, wegen seiner Tochter anbringen.

Secr. Aber mein Vater — warum —

Obercomm. Warum? — weil sie deine Frau werden soll. Ich muß dich versorgt sehen, ehe ich die Augen schließe. Und — Karl, Karl, ich traue nicht. Ich traue meiner Maladie nicht. Krieg ich noch einmal so eine Attaque — so bin ich da gewesen.

Secr. Gott behüte, wie können sie denken, daß so eine unbed —

Obercomm. Unbedeutend? Nein, nein, ich werde gewaltig stumpf! Kein Wunder; die Strapazen in den Kriegsjahren, — der Chagrin und — nun wie es Gottes Wille ist! — Aber, wenn ich von dem Malaga, den ich im Keller habe, auf deiner Hochzeit noch mittrinken soll — so mach fort. Sonst bleibt er dir stehen bis zu meinem Begräbniß.

Secr. Ich kann ihrer herzlichen Güte nicht Verstellung entgegen setzen. Auch hätte ich ihnen schon heute eine Entdeckung gemacht, wären sie nicht durch ihren Antrag mir zuvor gekommen. — Ich — zürnen sie nicht, gütiger Mann —

Obercomm. Nun —

Secr. Ich kann die Wohlzahn nie heirathen.

Obercomm. Das begreif ich nicht. Das Mädchen ist hübsch, brav, jung, reich. Du heirathest

in

in eine gute Familie, kriegst Freunde, Konnexionen; kannst eine Karriere machen — Konstellation ist gut. Was fehlt noch? — Warum willst du nicht? he! — Oder liebst du eine andere?

Secr. (mit bescheidener Festigkeit) Ja mein Vater.

Obercomm. Hm! hm! (mit unterdrücktem Mißvergnügen) Hm, hm, das ist mir nicht lieb. (nach einigem Umhergehen nicht mehr an sich halten könnend) Das ist dumm — recht dumm!

Secr. Nur durch sie kann ich glücklich werden, oder niemals.

Obercomm. Glücklich werden? Das ists eben, (heftig) gesehen, geliebt, nnd — glücklich seyn, das ist bey euch eins! — (halb besänftigt) Wer ist sie?

Secr. Die junge Ruhberg.

Obercomm. (heftig) Die Tochter vom Rentmeister?

Secr. (mit Bitte) Die nämliche.

Obercomm. (nach einigem Besinnen, kalt) Das ist nichts für dich!

Secr. Aber warum —

Obercomm. (sehr fest) das ist nichts für dich!

Secr. Warum wollen sie diese herrliche Parthie verwerfen, ohne mir Gründe zu sagen? denn —

Obercomm. Meine Gründe? Vor der Hand sind es folgende: Es kann nicht seyn — es soll nicht seyn, ich wills nicht haben. Nach den andern Gründen thue der Herr Sohn in einem halben Jahre

Jahre weitere Nachfrage. Ich rede nicht gerne vernünftige Dinge in den Wind. (geht heftig umher und braucht ohne sein Wissen viel Tobak.)

Secr. Ich gehorche willig jedem väterlichen Befehl —

Obercomm. Versteht sich.

Secr. Aber wenn sie auf Kosten meines Glückes —

Obercomm. (rasch stehen bleibend) Auf Kosten deines Glücks? Schäme dich des gegen deinen Vater, und laß die Romanensprache weg, wenn du mit alten Leuten zu thun hast. — Höre, mein Sohn, wenn wir beyde von dem Mädchen reden, welches deine Frau werden soll — so magst du sagen: — die, oder die Larve gefällt mir am besten. Wenn aber die Larve vorher bey dir gesprochen hat, so muß ich es besser als du wissen — welche dich glücklich machen kann. — Die Ruhberg wird meine Schwiegertochter nicht! (will fort.)

Secr. Lieber Vater, ich schwöre Ihnen, daß keinem Mädchen die Pflichten der Tochter so heilig sind als ihr. — Warum wollen sie mich zwingen, zu suchen, was ich gefunden habe; die, deren angenehme Sorgfalt ihr Alter verjüngen wird.

Obercomm. Das ist Bestechung. Bleib bey der Stange; laß mich aus dem Spiel. Von Dir ist die Rede. Das Mädchen ist brav. Aber die Konstellation ist nicht günstig.

Secr.

Secr. Warum das nicht?

Obercomm Wenn du bleibst, was du bist — bist du nicht viel — du mußt weiter. Da brauchst du Konnexionen, mußt Vermögen erheirathen, sonst plackst du dich wie ein armer Sünder, und machst keine Karriere. Ich bin von Betrügern zu Grunde gerichtet, habe kein Vermögen, kann dir nichts nachlassen, als ein schuldenfreyes Haus, und einen guten Namen, das weißt du. Ruhbergs sind herunter gekommen. Das Mädchen? Groß erzogen. Die Mutter? Eine Närrinn. Der Bruder? Oben hinaus und nirgendan! Ein saubres Früchtchen; ein Windbeutel; ein Bursche, der mit Avanturiers herumschlendert; ein Spieler!

Secr. Aber doch ein guter geschickter Mann, der, wenn er sich bessert, durch sein Genie — —

Obercomm. Der Junge hat seiner Mutter weiß gemacht: — das Fräulein, das vor ein paar Jahren von Danzig hieher zog? Fräulein von —

Secr. Kauenstein?

Obercomm. Ganz recht — die wollte ihn heirathen. Weil nun die Frau von Adel ist, und der Hochmuthsteufel in sie gefahren ist, so glaubt sie es; bringt ihren bürgerlichen guten Mann um Kredit, Haus und Hof, um wieder so eine Zwittermariage zusammen zu bringen. Sie sind schon Stadtgespräch. Was kömmt da heraus? Der Bettelstab! An wen werden sie sich wenden? An dich! Das sind deine Aussichten.

Secr. Dagegen könnte ich mich sicher stellen. Auch sind auf den Fall meine Maaßregeln —

Obercomm. (gleichsam zutraulich) Höre nimm Raison an; aus der Mariage darf nichts werden. Geh du zu dem Herrn Bergrath und bring dein Gesuch wegen seiner Mamsell Tochter an.

Secr. Ich unterdrücke die Sprache der Leidenschaft gewaltsam, aber halten sie mich nicht für so kalt — dieser Wohlzahn gegen mich noch zu erwähnen. Ich kann nicht. Sie fordern zuviel. Die Wahl meines Berufs habe ich gegen meine Neigung, nach ihrem Willen getroffen. Wollen sie nun für das trockne Einerley meiner Geschäfte, für die herzlose Gesellschaft, darinn ich sie verrichte, mir einen Ersatz geben — so gewähren sie mir Louisen. Es ist über meine Kräfte in diesem Fall; auf Kosten des bessern Gefühls, der Konvenienz zu fröhnen.

Obercomm. So recht, bist auf gutem Wege. Wenn die Vernunft ihr Recht behaupten will, vertreibt man sie mit Declamation.

Secr. Verzeihen sie meiner Heftigkeit. — Ach, alles was ich nicht bin, könnte der Verlust des Mädchens aus mir machen. (ergreift seines Vaters Hand) Ich darf nicht ohne Einwilligung diese väterliche Hand —

Ober=

Obercomm. Wozu expostulirst du meine Einwilligung, wenn du gesonnen bist nach deinem Kopf zu handeln? — (mit einiger Rührung) Je nun — der alte Vater muß sich's ja wohl gefallen lassen. Wenn du unglücklich bist — dann ist's ja für den früh genug an der Postille die Augen zu verweinen. (geht fort.)

Secr. (sehr rasch) Und ich gab ihr mein Wort!

Obercomm. (bleibt oben stehen) Was?

Secr. Meinetwegen hat sie Aussichten entsagt, Parthien abgewiesen. Ich gab ihr mein Wort als ein ehrlicher Mann.

Obercomm. (etwas näher kommend) Ist das wahr?

Secr. O Gott! mit den heiligsten Schwüren, die —

Obercomm. Hast du mit kalter Ueberlegung dein Wort gegeben ihr Mann zu werden?

Secr. Allerdings.

Obercomm. Hm, hm, das ist etwas anders. (herunter kommend) so mußt du sie heirathen.

Secr. O lassen sie den Ausbruch —

Obercomm. — Ob mir es gleich durch alle Glieder fährt, — daß es so seyn muß.

Secr. Wie soll ich ihnen danken? Worte vermögen nicht das Uebermaaß meines Gefühls auszudrücken. Können sie nicht in meinem Herzen lesen, so —

Obercomm. Ja, ja. Gott gebe Glück und Segen! — Glück und Segen! — Aber ich wollte — Nu, nu — es wird ja schon werden.

Secr. O wie oft mein Vater — wie oft werden sie noch den Augenblick dieser Einwilligung segnen.

Obercomm. Ich glaubs — ich glaubs. Aber nimm mir es nicht übel — freuen kann ich mich nicht so recht. Ich hatte so diese und jene Aussichten. Die sind nun — Es ist auch meine Schuld — ich hätte nicht so fest darauf bauen sollen. — Ja es ist bald Zeit — Versäume die Kanzley nicht. Apropos — ich habe ohnehin heute Kassen-Abnahme bey dem alten Herrn Ruhberg, dann will ich von der Sache reden. Ich werde dir spät nachkommen — ich werfe mich ein wenig wieder auf das Bett, — denn die neue Mariage ist mir in alle Glieder gefahren. (ab.)

Dritter Auftritt.

Secretair allein.

Fürwahr, das ist früher gewonnen, als ich dachte! Ah — das ist undankbar, kenne ich nicht meinen Vater! — Glück und Liebe, seyd mir bey Ruhbergs günstig, so lebe ich heut den schönsten Tag meines Lebens. (ab)

Vierter Auftritt.

(Ein bürgerliches Zimmer im Ruhbergischen Hause, Mittelthüre, und zwo Seitenthüren. Im Hintergrunde die Ueberbleibsel eines eingenommenen Frühstückes.)

Ruhberg Vater, hernach Christian.

Ruhb. V. (hat etlichemal geschellt, hierauf kömmt endlich Christian) Christian, ihr vernachläßiget euren Dienst.

Christian. Ich bitte um Verzeihung. Madam hatte mich verschickt.

Ruhb. V. Ist mein Sohn zu Hause?

Christian. Noch nicht.

Ruhb. V. Noch nicht? — Sage er dem Schreiber, wenn die Papiere in Ordnung wären, solle er mir sie schicken.

Christian. Sehr wohl.

Ruhb. V. Meine Tochter rufe er zu mir herunter.

Christian. Sogleich.

Ruhb. V. Dem Koch und dem übrigen Gesinde bedeute er, daß sie zu Hause bleiben.

Christian. Wie sie befehlen. (ab.)

Fünfter Auftritt.

Ruhberg Vater, allein; hernach Christian.

Noch nicht zu Hause? — Alles in diesem Hause, hat den Blick verschlossener Leiden, alles scheint so
ver-

verſtört! Hm! — wahr — Es ſcheint wohl nur ſo. — Mir — weil ich es bin. Ach es iſt ein trauriger Anblick, ein wohlhabendes Haus ſo tief geſunken zu ſehen. Meine Schuld; warum ließ ich es bis dahin kommen. — Ich war ein ſchwacher Mann, ein weichlicher Vater! Verloren iſt alles, aber dem Geſpött kann ich noch entgehen — Gut dann, heut will ich handeln. — Nichts ſoll mich hindern, unerſchütterlich feſt zu bleiben. Nicht die Schwachheit einer liebenswürdigen Frau — (ſanft) — nicht meine eigne Schwachheit für dieſe liebenswürdige Frau. (Chriſtian bringt die Papiere) Geht nur. — So — da liegt meine Rechtfertigung. Freylich auch eben ſo ſehr meine Anklage.

Sechster Auftritt.

Ruhberg Vater. Chriſtian. Secretair Ahlden.

Chriſtian. Der Herr Secretair Ahlden — befehlen ſie? —

Ruhb. V. Ohne Verzug.

(Chriſtian ab.)

Secretair. Nicht wahr, das heißt überfallen? Verzeihe ſie mir dieſen frühen Morgenbeſuch.

Ruhb. V. Wollen ſie gefälligſt Platz nehmen? — Kann ich ihnen in etwas dienen?

Secr. Ich bin verlegen — ſehr verlegen, um das, was ich anzubringen habe.

Ruhb. V. Wie ſo, lieber Freund —

Secr.

Secr. Dieser gütige Ton sagt mir, sie werden mich nicht verwerfen.

Ruhb. V. — Sie scheinen unruhig? — Sie werden es wirklich immer mehr! Sie machen mich gleichfalls besorgt — —

Secr. Ja, das bin ich. — Ich weiß nicht, wie ich mein Gesuch einkleiden soll. Mit vollem Herzen komme ich — und finde keine Worte. Ihre Güte macht mir Zutrauen — meine Furcht aber räth mir, nur den Augenblick für glücklich zu halten, wo es ihnen noch verborgen ist, wie unglücklich sie mich machen können. — Ich will alle meine Wünsche in einem Worte aussprechen: — Louise!

Ruhb. V. Meine Tochter —

Secr. Wollen sie mein Vater seyn — bin ich ihr Sohn?

Ruhb. V. (er greift unwillkührlich seine Hand.)

Secr. (mit Enthusiasmus) Ja? ja?

Ruhb. V. Junger Mann — Sie überraschen mich — das bedarf Ueberlegung — Ich bin nicht dagegen —

Secr. O wie glücklich! wie —

Ruhb. V. Nur — nicht als glaubte ich, daß das ihre Wünsche ändern würde, aber es ist meine Pflicht sie davon zu benachrichtigen. — Nur muß ich ihrer Verschwiegenheit anvertrauen — mein Haus ist nicht mehr, was es war. Meine Tochter ist ohne Mitgabe. (Secretair Ahlden umarmt ihn und geht ab.)

Sie=

Siebenter Auftritt.

Ruhberg Vater. Louise, welche Ahlden noch gehen sieht.

Ruhb. V. Ey, ey! — rufen lassen muß ich dich. Warum haben wir einander nicht beym Frühstück gesehen?

Louise. Einige häusliche Geschäfte, die ich gerne genau besorgt wissen wollte —

Ruhb. V. Der junge Ahlden hat mich besucht, wie du sahest — die Ursach dieses Besuchs warst du.

Louise. Ich?

Ruhb. V. Er hat um dich angehalten. — Was sagst du dazu?

Louise. — Was halten sie von ihm?

Ruhb. V. Viel Gutes.

Louise. Ja? — in der That?

Ruhb. V. Ohne Frage. Es ist ein lebhafter thätiger Mann. Ein Mann von feinem Geschmack — von äußerst gutem Ruf.

Louise. Wenn sie dieß alles von ihm glauben, bester Vater — warum sollte ich ihnen verhehlen — daß ich ihn herzlich liebe.

Ruhb. V. Ich billige diese Neigung.

Louise. Liebster gütiger Vater, sie haben immer das Glück ihrer Kinder gemacht.

Ruhb. V. Ach Gott! Machen **wollen**, mein Kind, machen **wollen**. Nun — ich billige diese Neigung

gung — und wäre fast geneigt, auch diese Verbindung zu bestättigen. Nur habe ich einige Bedenklichkeit —

Louise. Nachdem, was sie alles zu seinem Lobe vorhin sagten, — doch noch Bedenklichkeit? —

Ruhb. V. Bedenklichkeit nicht Abneigung.

Louise. Sie machen mich äußerst aufmerksam, ob —

Ruhb. V. So wünsche ich dich. Sag mir meine Tochter, — kennt ihr euch auch recht?

Louise. Wenn ich in der ganzen Zeit unsres Umganges, auch nur etwas bemerkt hätte, woraus ich künftiges Mißvergnügen ahnden dürfte —

Ruhb. V. Ich frage nicht ob ihr euch gefallt, sondern ob ihr euch kennt. Die Rede kann bey mir nicht von den gewöhnlichen guten Ehen seyn — wo man die Jugendjahre mit Vergnügen zubringt, in der Folge aber — sich erträgt. Glaubt ihr — bis zulezt, zu eurer Glückseligkeit euch genug seyn zu können?

Louise. Kann etwas über den Punct, sie mehr beruhigen — als die Erziehung welche sie mir gaben. Sie lehrten mich früh die Gefallsucht verachten —

Ruhb. V. Das ist einige Sicherheit.

Louise. Sie erhielten mir reges Gefühl — und bewahrten mich vor der Empfindelei. Ich schätze meinen Karl so sehr als ich ihn liebe.

Ruhb. V. Das ist gut.

Louise.

Louise. Schwächen wird der Freund der Freundinn verzeihen — die Freundinn wird den Launen des Freundes begegnen.

Ruhb. V. — Vergiß das nie. Die Laune des Mädchens lieben alle Männer; die Launen der Frau scheinen manchen nicht so reizend. Geschäfte und Sorgen des Mannes verweigern euren Launen oft Pflege und Aufnahme. Ich kenne den Verdacht von Kälte, den stillen Gram über unglückliche Ehe, der bey euch die Folge jener üblen Nothwendigkeit wird. Du bist lebhaft, der junge Mann ist über die tändelnden Jahre hinaus, ich fürchte für dich.

Louise. Ihre Lehren sollen mich warnen, mein Vater.

Ruhb. V. Verliebter Verdruß in der Bewerbungszeit, ist eine Grazie; der Unwille der Frau — merke dir es liebe Tochter — ist für den Mann, das Skelet dieser Grazie.

Achter Auftritt.

Madam Ruhberg. Vorige.

Ach — deine Mutter! — Wir sprechen darüber noch. Laß uns allein meine Tochter.

(Louise geht ab.)

Mad. Ruhb. Sie sind doch wohl —
Ruhb. V. Völlig.

Mad.

Mad. Ruhb. Sie scheinen seit einigen Tagen so unruhig — so schwermüthig —

Ruhb. V. (nach einer Pause und einigem Auf= und Abgehen) Ich kann ihnen nicht genug sagen, wie angenehm und feyerlich mir der heutige Tag ist —

Mad. Ruhb. Der heutige — wie so?

Ruhb. V. Heut sind es 25 Jahre, als wir uns verheiratethen.

Mad. Ruhb. Ach es ist wahr —

Ruhb. V. Ich hatte eine so angenehme Morgenstunde; und den schönen Morgen konnte ich nicht vorüber gehen lassen — ohne ihnen für alle die Glückseligkeit zu danken, welche sie in diesen 25 Jahren mir gewährten.

Mad. Ruhb. Sie rühren mich — und beschämen mich.

Ruhb. V. Nichts davon — wir haben wechselseitiges Unrecht gut zu machen. Nun bitte ich um ihre ganze Aufmerksamkeit für das was ich ihnen zu sagen habe. Sie haben bey unserer Verheyrathung mir ein ansehnliches Vermögen zugebracht.

Mad. Ruhb. Ach!

Ruhb. V. So wie ich sahe, daß der Hang zum großen Leben bey ihnen sich nicht verlor, so habe ich dieß Vermögen genau nur für ihre Bedürfnisse und Plane verwendet. — Sie haben bis jezt ihrer Geburt gemäß gelebt. — So lange ich ihnen dabey sparen konnte — that ich es redlich — aber es war vergebens.

bens. Ich habe die pünktlichste Rechnung über ihr Vermögen geführt? — Liebe Frau dieß Vermögen? es ist ganz dahin!

Mad. Ruhb. Dahin? —

Ruhb. V. Hier (er giebt ihr die Rechunngen) ist die Rechtfertigung meiner Verwaltung. Die Belege wird man ihnen diesen Nachmittag übergeben.

Mad. Ruhb. (Pause) Sie kränken mich empfindlich! —. Mir Rechnung abzulegen? Sie mir? (edel) Wenn ich unglücklich bin, verdiene ich auch noch Spott?

Ruhb. V. Sie verkennen mich. Beweisen mußte ich ihnen, daß ich ihr Herz suchte, nicht ihr Vermögen, nicht die Pracht ihres Ranges; daß in meinem Nutzen nichts davon verwendet worden, selbst nicht einmal für die anständige Erziehung meiner Kinder. — Nun bleibt uns nichts, meine Liebe, als mein Gehalt. Sie sehen, es ist unmöglich ferner ein Haus zu machen. Die nöthigen Einschränkungen, sehen sie selbst. — Es wird sie nicht kränken, wenn ich ihnen sage, daß sie von meiner Seite gemacht sind.

Mad. Ruhb. Schon gemacht? Schon? — Freylich wohl — es muß seyn! — Aber es ist hart.

Ruhb. V. Nur wenige kehren von Irrthümern mit guter Art zurück! und von der Art ihrer Rückkehr, hängt meine Ruhe, mein Leben ab. — Was Louisen

sen betrift — so hat sich eine anständige Parthie gefunden. Der junge Ahlden. — Was sagen sie dazu?

Mad. Ruhb. Hm —

Ruhb. V. Wie?

Mad. Ruhb. Es ist eine kleine — bürgerliche Parthie.

Ruhb. V. Sie sind also nicht dafür?

Mad. Ruhb. Stand, Erziehung, und unsere Verbindungen, berechtigen Louisen auf ein glänzendes Glück noch Rechnung zu machen.

Ruhb. V. (Ausdruck einiges Unwillens.)

Mad. Ruhb. Geschweige, daß ein solches Wegwerfen — schlechterdings den Aussichten ihres Bruders im Wege wäre.

Ruhb. V. Ihr Bruder muß thörigten Träumen entsagen, ein bürgerliches stilles Leben anfangen, und nach unsern jezigen Glücksumständen sich genau richten. Entweder fordert er heut von dem Fräulein Erklärung, oder er hört auf dieses Haus zu besuchen, und mit der Chimäre der projectirten Heyrath sein Glück zu verscherzen.

Mad. Ruhb. Wie? Im Begriff das glänzendste Glück zu machen — soll er ihm entsagen? Wollen sie mich öffentlich dem Hohngelächter aussetzen. — Die Närrinn! Sie hat ihre Plane nicht ausführen können, nun muß sie doch zu uns herunter. — So würde es heissen. Selbst die Summen, welche verwendet worden sind, erfordern, daß wir diesen Plan

durch-

durchsetzen. — Ich willige in alles — gehe jede Einschränkung ein. Ich versage mir alles — alles! — Nur bis Morgen lassen sie mich gewähren. Ist dann nicht zu ihrer Zufriedenheit gehandelt? So unterwerfe ich mich gerne ihren Anordnungen.

Ruhb. V. Es sey so. Aber nicht länger, denn —

Mad. Ruhb. O wenn dieß nicht noch gewonnen würde, so wäre alles verloren!

Ruhb. V. Wir werden dieß verlieren.

Mad. Ruhb. Mein Gott! —

Ruhb. V. Und es wird mir lieb seyn, daß es verloren ist.

Mad. Ruhb. Lieb? Wenn ihr Sohn ein Glück verliert — das —

Ruhb. V. Ich werde Gott mit Vaterfreude danken, daß ein guter fähiger Jüngling aus der Gesellschaft spielender Müßiggänger, in das Leben des thätigen Bürgers zurückgeführt wird, wozu er bestimmt war.

Mad. Ruhb. Sie sind blind gegen die Verdienste dieser Leute eingenommen — Sie —

Ruhb. V. Verdienste? — Es sind Spieler von Profeßion.

Mad. Ruhb. Aber das Fräulein —

Ruhb. V. Kam mit Reichthümern von Danzig hieher; und wenn sie — Lassen sie uns abbrechen —

Mad. Ruhb. Aber —

Ruhb.

Ruhb. V. Ich bitte — ich fühle, daß ich nicht gelassen bleiben würde.

Mad. Ruhb. Sie wollen sich nicht überzeugen, daß eben diese Leute das Glück ihres Lieblings machen werden, daß das Fräulein —

Ruhb. V. Sich die Anbetung eines schönen, bedeutenden jungen Mannes gefallen läßt, ihm verstattet die Gesellschaft angenehm zu unterhalten — und ihn nun, nachdem er für diese Gnade sein Haus ruinirt hat, trocken, fad, — bürgerlich finden, — und fortschicken wird.

Mad. Ruhb. Wie hart beurtheilen sie Leute, welche mit der feinsten Welt —

Ruhb. V. Weniger Welt und mehr Ehrlichkeit wäre besser!

Mad. Ruhb. Sie werden bitter.

Ruhb. V. Madam — ich habe diese feinen Leute, diese Leute von **Welt** kennen lernen. Ich sahe kalt — während sie im Rausche der großen Welt fortwallten. Ich sah — und zitterte für meinen Sohn.

Mad. Ruhb. Sein Herz bürgt mir für alles.

Ruhb. V. Sein Herz — vollendet sein Unglück! Zu heftig um den Augenblick zu nützen, zu gut um Tücke zu argwöhnen, gekränkt, betrogen, verachtet — und seiner doch bewußt — wird ihn sein Elend zum Weisen machen oder zum Bösewicht!

Mad. Ruhb. Allein er ist doch gleich wohl! jetzt in einer Gesellschaft von Menschen — —

Ruhb. V. Die, freundliches Gesicht für Jedermann, redliches Herz für Niemand haben. Sie werden ihn lehren, die letzte widerstrebende Faser guten Herzens, durch arglistige Intrigue verschleifen. In dem Gräuel von Kabalen, schwarzer Verläumdung, falscher Devotion, Spiel und Wolleben werden sie ihn, einfach häusliche Freuden, die Bande der Verwandschaft, die heilige Treue von Sohn gegen Vater, von Mutter gegen Tochter, als Ueberbleibsel deutscher Pedanterie verachten lehren. — Verzeihen sie — ich wollte nicht heftig seyn — Aber diese Menschen machen mir Galle.

Mad. Ruhb. (weint)

Ruhb. V. Sagen sie Eduard, daß er heute auf einer bestimmten Erklärung des Fräuleins beharre. Ist es denn — nun so will ich mich in das Glück zu finden suchen. Ist es nicht? — so bin ich der glücklichste Vater.

Mad. Ruhb. Verlassen sie sich darauf — es wird alles gut gehen.

Ruhb. V. Nun — daß wir unsere gute Louise nicht vergessen.

Mad. Ruhb. O gewiß nicht — das gute liebe Mädchen — Sie sind es doch überzeugt, wie sehr sie mir am Herzen liegt.

Ruhb. V. Sie sind eine gute Mutter — aber ich war ein schwacher Mann. Weniger Vorwurf trift sie. — Und so mögen wichtige Veränderungen den

Tag

Tag bezeichnen; er sey deswegen nicht trübe. Ausführung beßrer Ueberzeugung muß Heiterkeit geben. Also lassen sie uns aus dieser feyerlichen Stimmung in ruhiges Gespräch übergehen. Wir wollen nicht allein seyn. Ich feyerte heut so gerne einen fröhlichen Abend. Der alte Ahlden hat ohnehin Kassen-Abnahme bey mir. — Louise liebt ernstlich: was meynen sie? warum wollten wir ihr Glück verzögern?

Mad. Ruhb. Aber warum auch die beyden wichtigsten Familienangelegenheiten so übereilen?

Ruhb. V. Wollen wir etwas verschieben, das nach aller Prüfung gut ist?

Mad. R. Haben sie es auch überlegt, daß diese Heyrath mit einem alten rauhen stolzen Mann uns in Verwandschaft bringt, mit einem Mann, womit Niemand auskömmt!

Ruhb. V. Wenn unsere Tochter nur glücklich wird. Lassen wir dem alten Mann seine Sitte — gehen ihm aus dem Wege — oder begegnen ihm — so gut wir können. — Nun?

Mad. Ruhb. Er ist ein braver junger Mann. Louise liebt ihn — wie Sie sagen — ja denn! Gott seegne ihren Willen.

Ruhb. V. Ich freue mich ihrer Einwilligung. Ich hoffe wir sind der Glückseligkeit sehr nahe, welche sie so lange vergeblich suchten. Reden sie ernstlich mit Eduard. Mißtrauen sie ihrem Hang nach Größe; handeln sie als Mutter. — Trauen sie meiner Prophezeyhung; Louisens stille bürgerliche Haushaltung, wird es seyn, wo sie Freuden des einfachen Lebens kennen lernen werden — welche die große Welt nicht gewähren kann (ab)

Neunter Auftritt.

Madame Ruhberg allein:

Allem entsagen! — unglücklich — gedemüthigt seyn, und eine innere Stimme, die laut uns zuruft: „Wir haben es verschuldet!„ — Das ist hart, — sehr hart! Unglückliche Mutter! Diese Louise die — kann ich mir es verheelen? — ich vernachläßigt habe, beschämt mich, bis zur Demuth! Ihre immer gleiche Seele wird die allgemeine Achtung haben, wenn ich als Thörinn verlacht bin. — — Die stillen Leiden meines Mannes — der Schmerz — vielleicht noch die Vorwürfe meines Sohnes — schreckliche Zukunft!

O Gott! laß meine Thorheit mich hart büßen — nur erhalte mir das Herz meiner Kinder: dann will ich leiden und sterben, aber nicht weinen, nicht klagen.

(geht ab)

Ende des ersten Aufzugs.

Zweyter Aufzug.

Erster Auftritt.

Christian allein.

Aufräumen? (er geht nach einer Kammerthür zu) Räume auch einer auf, wo nichts ist! (Er zieht eine Schublade unter dem Schreibtisch auf) Alles weg! alles versetzt und verkauft! Wenn mein alter Herr das wüßte! — zu Hause Elend auf Elend — um bey dem Fräulein den großen Herrn zu spielen.

Zweyter Auftritt.

Voriger. Salomon.

Salomon. Guten Morgen Herr Christian.

Christian. Deinen Ausgang wolle Gott —

Salomon. (nach einigem Umhersehen und suchen, einer kleinen Pause) Es ist recht kühlig haint morge.

Christian. Ja.

Salomon. Der junge Herr nit zu Hauß.

Christian. Und wenn ers wäre? Für dich, so gut als wenn ers nicht wäre.

Salomon. Gottes Wunder! was der daher macht — Der junge Herr ist à Freund zu mir, a rechter Freund. Erst neulich hab ich ihn gekleidet — weiß in Gold — uh proper. Ich halt Stück af ihn.

Geht der junge Herr nit proper? Uh! wär ä Schand, als es hieß er hat zu thun mit Schloome und iß nit proper! Apropos — ist der Dalles noch Großhafmester bee ach.

Christian. Pack dich fort. Wirst heut doch nicht bezahlt. Ist nichts da.

Salomon. Was ist deß? Ich hab ä Wächßel, iß doch jo haint fällig. Als er nit kann zahle? Er muß schaffe ä Burge.

Christian. Schrey nicht Kerl, du fliegst die Treppe hinunter.

Salomon. Gottes Wunder, der Herr Christian!

Christian. Ja Kerl, wie du mich da siehst, breche ich dir Arm und Bein entzwei, du Dieb!

Salomon. Auh wei! Ich bezahle mein Schutzgeld! Macht euch nit Ungelegenheit.

Christian. Wer hat dich gerufen Gaudieb, als du dem armen Herrn die Kleider aufgehangen hast? He? Weiß ichs etwa nicht, daß du bey Blumenbergs erzählt, wie viel du ihn geschächt hast.

Salomon. Was kömmt euch der Brustlappe zu steh:n.

Christian. Du Cremel!

Salomon. Tausig! Iß mit Mokat gefüttert. Na hör er — des Lob geb ich ihm — er weß sich zu klade! Seyn Herr ach. Es iß ä Herr, wie a Kaffir. — Mein — wie stehts um die Braut.

Chri

Christian. Gut.

Salomon. Er hat noch zu bekomme das Jawort? — ich bin von saine Freund — Ich will ihm sage ins gehaim. Als nit bald wird Herr Baron? Er wird gesperrt in einen Thurm von de Schuldleut.

Christian. (macht Mine ihn hinaus zu werfen) Gehörst du auch zu den Freunden?

Salomon. (reißt die Weste auf) Mein Blut lasse ich für ihn — stech' her in mein Herz — aber sie kreusche mortialisch — sie wolle klage.

Christian. Pack dich fort, ehe der alte Herr dich sieht. Wenn mein Herr Geld bekömmt, will ich dich rufen.

Salomon. Jo? Ich schätz ich werd komme, eh du mich rufst. (ab)

Christian. So dauert es den ganzen Morgen, wo will das hinaus!

Dritter Auftritt.

Voriger, ein Ladendiener.

Ladendiener. Guten Morgen! Sein Herr nicht zu Hause?

Christian. Nein, mein Herr.

Ladend. Hier ist der Konto aus der Reichmannischen Handlung. Wir werden den reichen Stoff nicht liefern, bis die Rechnung bezahlt ist. Sage er das seinem Herrn nur gerade zu. (ab)

Chri-

Christian. Nun da liegt No. 33. — Das Ding geht nimmer gut. Der alte Herr mag auch was gemerkt haben.

Vierter Auftritt.

Henriette, Voriger.

Henriette. Madam läßt fragen, ob der junge Herr noch nicht zurück sey?

Christian. Sie sieht ja trübe aus — was fehlt ihr?

Henriette. Ach — aufgesagt hat mir Madam.

Christian. Wie —

Henriette. Ja mir und dem Garderobemädchen. Ich weiß nicht was vorgeht, aber der Herr hat auch die Pferde verkauft, den Kutscher abgeschaft, die beyden Bedienten und den Koch.

Christian. Was sie sagt?

Henriette. Ach eine Herrschaft kriege ich wohl, aber so eine nicht wieder. Die Madam weinte. Der Herr hatte rothe Augen. — Sag er mir nur was vorgeht. (man hört zweymal innerhalb klingeln) Ich will wiederkommen. Nicht wahr, er weiß es? (ab)

Christian. Ich traue dem Handel nicht. Wenn das Ding losbricht — Er ist heftig — wird ihm das Ding zuviel — ist im Stande und schießt sich vor dem Kopf. Ja, ja, ich fordere meinen Abschied. Gehe es dann wie es Gottes Wille ist — so sehe ich doch

doch das Elend nicht mit an. — Nun wer kommt denn da? — wird wieder einer seyn der nichts bringt! — Nun der lärmt ja verdammt. — Ich glaube — wahrhaftig, das ist er selbst.

Fünfter Auftritt.

Voriger, Ruhberg der Sohn.

(reich und mit Geschmack gekleidet, aber so viel möglich mit allen Zeichen durchwachter Nacht. Tritt unmuthig herein, und wirft sich in einen Sessel)

Nur einen Augenblick allein — daß ich zu Athem komme — daß ich nachdenke, wie ich dem drohenden Ungewitter entrinne — Was mache ich? — Was bin ich? Wo soll das hinaus? (aufspringend) Pah? Reflexion reißt mich nicht heraus. Meine Ehre ist verpfändet. Christian!

Christian. Was befehlen sie.

Ruhb. S. (ohne auf ihn gehört zu haben) Alles fort — Alles! O meine Mutter — meine gute Mutter — und wenn ich an dich denke Vater! Während du einem kümmerlichen Alter entgegen siehest, und schlaflose Nächte durchweinst, bramarbasirt dein Sohn in Spielgesellschaften, wird verlacht! — Verlacht? Verlacht? Nein beym Teufel das soll er nicht werden! — Muth und Fassung! — Noch ist keine Aussicht verschlossen. Christian!

Christian. Was befehlen sie?

Ruhb.

Ruhb. S. Zu Aaron Moses. Er soll hinkommen, mich beim Fräulein herausrufen lassen. Er soll Geld mitbringen. Indeß die beyden Uhren zu Salomon — zwanzig Louisd'or — gleich — den Augenblick lauf! was stehst du?

Christian. (mit bescheidener Bedenklichkeit) O mein Herr —

Ruhb. S. (wild) Eile Kerl, ich muß gleich wieder fort. Doch — höre — Komm her!

Christian. Mein Herr!

Ruhb. S. Hat mein Vater nach mir gefragt?

Christian. Ja mein Herr.

Ruhb. S. Um welche Zeit.

Christian. Halb fünf Uhr, und dann um sieben Uhr noch einmal — die Frau Mutter aber seit sieben Uhr fast alle Viertelstunde.

Ruhb. S. (geht nachdenkend auf und nieder)

Christian. (nach einer kleinen Pause) Befehlen sie noch etwas?

Ruhb. S. (fast weich) Nein. Geh nur. (Christ. ab)

Sechster Auftritt.

Ruhberg Sohn, allein.

Viel Unglück — viel Unglück! und wenn die nächste Stunde nicht glücklich ist? Die Unmöglichkeit morgen der zu scheinen, der ich jetzt, — auch nur scheine. — Das rasende ya Banque — meine Ehre ver-

verpfändet, und keine Aussicht sie retten zu können, ganz und gar keine! — Muth! Muth! Mein Unglück ist nur Unglück, wenn ich den Muth verliere. Pfui! Ich verdiene kein Glück, da das Unglück mich zum unmännlichen Kläger, zum ängstlichen Zweifler gemacht. Zu dem — wenn es zu enge wird, in der dichten Umzäunung, worinn engbrüstige Convenienz-Menschen ihr Leben wegkränkeln — wer zum wachsen und gedeihen, das weite große Feld braucht — der ist ein Dummkopf, wenn sein Plan nicht Schwierigkeiten umfaßt, ein zaghafter Knabe, wenn er davor steht und sie anstaunt. Zu viel Vorsicht ist weibische Furcht — und so mit weiter — dem glänzenden Ziele zu, wo ich alle glücklich machen kann — Vater und Mutter — Vater und Mutter und Schwester.

Siebenter Auftritt.

Voriger. Louise. In der Folge Christian.

Louise. Guten Morgen, Eduard.

Ruhb. S. Guten Morgen, meine Liebe.

Louise. Du bist wieder diese Nacht nicht zu Hause gekommen?

Ruhb. S. (leichthin) Sehr gegen meinen Vorsatz. In der That.

Louise. (gütig) Du bist ein arger Schwärmer.

Ruhb. S. Angenehme Gesellschaft, ein interessantes Gespräch, und dazu das Nachtaufbleiben meine

Schoos-

Schoosſünde — da thut man denn manchmal, was man den andern Tag bey ſich ſelbſt nicht verantworten kann.

Louiſe. Aber, du muſt mir meine Beſorglichkeit verzeihen — du haſt doch nicht Verdruß gehabt?

Ruhb. S. Keinen, auf der Welt keinen.

Louiſe. Gewiß?

Ruhb. S. Gewiß! — wie kömmſt du auf die Frage?

Louiſe. Lieber Eduard — wie eine Schweſter, die ihren Bruder herzlich liebt, auf die Frage kömmt, wenn ſie alle ſeine Züge entſtellt findet — alle.

Ruhb. S. Gewöhnliche Folge der Nachtwache — Nichts ſonſt! Gewiß, du kannſt mir glauben.

Louiſe. Ich ſehe — ich werde dir läſtig. Es war eine Zeit, wo es nicht ſo war. Ich kann deinem Schickſal nur eine ſtille Thräne weinen, und es betrübt mich daß ich nicht mehr kann. Aber ſchone doch der väterlichen Sorgen, der mütterlichen Angſt.

Ruhb. S. (etwas getroffen) Louiſe!

Louiſe. Denk wie ſie die Nächte mit Schrecken auffahren, um dich und dein Schickſal weinen, während du in der großen Welt, ohne Freund, ohne Rath umher irrſt! Dein Herz, — unſern Stolz, hat die große Welt uns geraubt; wenn ſie gar dich noch mit fälſcher Hofnung tröge?

Ruhb. S. Unmöglich, ich weiß —

Louiſe.

Louise. Kann der Unterschied des Standes, dir jemals eine Verbindung mit der Kanenstein gewähren —

Ruhb. S. Sie liebt mich. Davon bin ich überzeugt.

Louise. Ueberzeugt?

Ruhb. S. Ueberzeugt — durch — tausend Kleinigkeiten — die — redender noch sind als deutliche Worte selbst.

Louise. Man sagt laut — sie würde den Herrn von Dammdorf heirathen. Indeß — das müßte dir zuerst aufgefallen seyn, wenn es wäre.

Ruhb. S. Schwester du kränkst mich, wenn du an der Erhabenheit ihrer Denkungsart zweifeln kannst. Zu dem habe ich Beweise ihrer Zärtlichkeit erhalten. Sie ist das edelste Geschöpf — und nur eine Bulerinn kann mit der Hofnung eines Mannes spielen. Also kränke nicht ein Herz, das ich zu schätzen Ursach habe.

Louise. In dem glänzenden Getümmel, worinnen diese Leute aufgezogen werden — Wie könnte ihre Liebe und Entsagung bestehen — und kann dich die Kanenstein ohne große Entsagung jemals besitzen?

Ruhb. S. Das alles wird sich nächstens entscheiden.

Louise. Nächstens? nächstens sagst du? bald! — jezt! denn — unsre Kräfte können deinen Aufwand nicht mehr tragen.

Ruhb.

Ruhb. S. Wahr — wahr! —

Louise. Hätteſt du geſtern deine Mutter, mit dem Ausdruck des innigſten Schmerzens an dein Zimmer gehen, und ahnungsvoll von der verſchloßnen Thür zurückkommen ſehen — hätteſt du bis Mitternacht ſie fragen hören: „Iſt Eduard noch nicht da?„ — es ſtünde anders um uns — oder dein Herz verſchlöſſe ſich dem Guten.

Ruhb. S. Du biſt ein liebes, gutes Mädchen. Eine edle Schweſter. Denkſt du, ich ringe nach Glück allein für mich? O nicht für mich, um euch, um dich — dir ein glückliches Schickſal wieder zu verſchaffen.

Louise. Lieber Bruder — ich habe gewählt, und werde Sorge tragen, daß mein Herz deinen Stand nie entehre. — Aber werden wir ruhigen Bürger zu dir paſſen — — dein Glanz wird unſere herzliche Anhänglichkeit verſchmähen. Wie oft wird deine gute Schweſter, an deiner Thüre abgewieſen werden, weil ihre ungeſchmückte Erſcheinung, das Geſpött der glänzenden Aſſemblee werden müßte. Doch — eignen Verluſt wollte ich tragen — wenn du nur glücklich wäreſt. Aber du würdeſt es nicht ſeyn. Ich kenne dich. Du haſt alles empfangen, um unter den Menſchen für ſie zu handeln. Im Genuß der glänzenden Schwelgerey, dir ſelbſt zur Laſt, wird endlich die Uhrheberinn deines Glücks, deinen Ueberdruß entgelten.

Ruhb.

Ruhb. S. Du denkst ohne Noth das Schreck-
lichste.

Louise. Du bist unglücklich, wenn du deinen
Zweck erreichst; solltest du ihn nicht erreichen, dann
fällst du aus Pracht und Fröhlichkeit in Dürftigkeit
und Trübsinn. Aus der großen Welt hinausgewiesen,
ist das väterliche Haus verbannet, wo jede Einschränkung dir Vorwurf, alles freudenlos und finster ist.
In deinen Planen hintergangen, von einzelnen Menschen betrogen, verderbende Leidenschaft, umgeben von
Ehrgeiz und Heftigkeit — Eduard du könntest ein ge-
fährlicher Mensch werden!

Ruhb. S. Treibt mich Ehrgeiz zu Dingen die
euch Sorgen machen können, so wird er mich für
allem hüten, was euch Schande machen könnte.

Louise. Nicht das, was war, macht mir diese
Sorge, aber daß diese Ehrsucht täglich wächst —

Ruhb. S. Du thust mir zu viel.

Louise. Daß sie auf die unbedeutendsten Kleinigkeiten sich erstreckt; daß du alles nur aus dem
Gesichtspunkte siehst; daß ich zu gut weiß, daß der
Ehrgeizige, eine Ehre mit dem Verlust der andern —
die Ehre worauf er in dem Augenblick alles setzt, mit
Schande sogar erkaufen kann — Das bekümmert mich
wenn ich an die Zukunft denke.

Ruhb. S. Der, von dem du sprichst, ist ein Nie-
derträchtiger —

Louise.

Louise. Verzeih mir — unser Gespräch nahm zufällig die Wendung. Ich kam um — bin ich nicht eine Närrinn — so wie du mich da ansiehst, fürchte ich, dich zu beleidigen, — ich kam — um dich zu bitten — dieß (sie giebt ihm die beyden Uhren) nicht wegzugeben.

Ruhb. S. Christian, Christian! (Christian kömmt) (nachdem er die Uhren hingegeben hat, stößt er ihn fort) Zu Aaron Moses Schurke!

Louise. Sey doch nicht so hart, so rauh! — Sieh, wenn du Geld brauchst — es ist freylich wenig — aber ich gebe dir es gern.

Ruhb. S. Louise! (wirft sich in einen Sessel.)

Louise. Gönne mir doch die Freude deinem Bedürfniß abgeholfen zu haben. Ich konnte dir ja so lange schon keine Freude machen.

Ruhb. S. Nein, nein! Ich will nicht. Ich bin nicht werth, ich bin nicht werth — ich bin ein unglücklicher Mensch!

Louise. Du brauchst wohl mehr — freylich dieß ist wenig — Aber ich habe nicht mehr (weinend) Ach! wenn ich es hätte —

Ruhb. S. Gieb her, Louise, gieb her! Ich nahm euch alles — ich will auch das noch nehmen. Bin ich glücklich in der Welt — so habe einen Wunsch, eine Laune, die ich nicht schon befriediget hätte, ehe sie entstehen, einen Gedanken, dem mein Gedanke nicht zuvorkam. Bin ich unglücklich? Bin ich es!

und

und das muß sich jezt entscheiden — so nehm ich
dieß — Es ist dein leztes — nehme es, um dich ganz
geplündert zu haben, nehme es, damit der Gedanke
an deine herzliche Güte, mir Höllenmarter werde, wo
ich gehe und stehe.

Achter Auftritt.

Vorige. Madame Ruhberg. Baron Ritau.

Ruhb. S. Meine Mutter — Gott —

Louise. (weinend) Vergiß nicht, was ich dir
sagte (ab.)

Baron. Wie? Sie fliehen schönes Kind?

Ruhb. S. (zerstreut) Laßen wir sie, sie hat ihren Spleen.

Baron. Nun schöne Frau, was für einen Un-
stern haben wir anzuklagen, daß sie nicht von der
Gesellschaft waren? Nie waren die Launen des Glücks
hartnäckiger und interessanter, dabey war man von
einer Jovialität.

Mad. Ruhb. (gezwungen freundlich) Würklich? ich
bedaure, daß ich nicht dabey war.

Baron. Fürwahr wir bedauren es, wir! Ich
habe indeß Zug für Zug, das Spiel angegeben, das
sie gemacht haben würden, und man ist erstaunt frap-
pirt, entzückt, wie ich mich in ihren Geist zu versetzen
wußte.

Mad. Ruhb. Diese allgemeine Munterkeit (sehr fixirend) konnte dich nicht anstecken, wie es scheint —

Ruhb. S. (verlegen scherzend) O ja — aber die Nachtwache.

Baron. Ja, und die Unart der Madam Fortuna —

Mad. Ruhb. (beyseite) O mein Gott!

Baron. — Der mein Freund auch nicht ein Lächeln abzugewinnen vermochte.

Mad. Ruhb. (etwas ausser Fassung) Ja das ist schon so — je mehr man sie sucht, um so mehr flieht sie.

Baron. (der sich ennuirt findet, sieht nach der Uhr) Appropos Madam — es ist noch früh — wir könnten noch vor der Toilette-Zeit, eine ganze interessante Parthie vingt & un haben.

Mad. Ruhb. Sie verzeihen, ich habe noch einen dringenden Brief an meinen Bruder nach Berlin zu schreiben — Ehe du weggehst Eduard, habe ich dir noch etwas zu sagen — (weggehen wollend) Herr Baron auf Wiedersehen.

Baron. Madam, Madam. (Er führt sie mit vieler Artigkeit zurück) Ich will auf keine Art beschwerlich seyn. (zu Eduard leise) Sie vergessen nicht — alles wartet — ihre Ehre!

Ruhb. S. Ich komme gleich.

Baron. (zu Mad. Ruhberg) Diesen Abend hoffe ich, sehen wir uns bey dem Fräulein.

Mad.

Mad. Ruhb. Ich glaube schwerlich — mein Mann will —

Baron. (schnell einfallend) Ah — Verhinderungen von der Seite? (mit einer ironischen Verbeugung) Freylich, die mögen handgreiflich und unüberwindlich seyn. Wenn das so fortgeht — so wird man die Spieltische mit Crep-Flor überziehen müssen! Indeß, noch hoffe ich — (ab)

Neunter Auftritt.

Madam Ruhberg. Ruhberg Sohn.

Mad. Ruhb. (Pause, beyde in einiger Entfernung, endlich begegnen sich ihre Blicke, gefaßt und gütig) Du hast verloren.

Ruhb. S. — Ja.

Mad. Ruhb. — Viel?

Ruhb. S. (ernst) Ziemlich.

Mad. Ruhb. (Sie geht einige Schritte, Eduard steht unbeweglich, die Blicke starr an den Boden geheftet. Sie geht heftiger, weint, trocknet sich die Augen, da sie wieder in Fassung zu seyn versucht) Weißt du, daß es mit meinem Vermögen zu Ende gieng?

Ruhb. S. — Ich weiß es.

Mad. Ruhb. (Jammer im Ausdruck, die Worte ohne Accent) Ich habe nichts mehr — ich bin ganz arm.

Ruhb. S. (heftig) Gute Mutter — liebe Mutter!

Mad. Ruhb. (wichtig) Der entscheidende Tag muß heute seyn; dein Vater verlangt es mit Ernst. Er wird selbst kommen, mit dir darüber zu sprechen. O Eduard, wenn dir mein Seegen werth ist: Vergiß nie was dein Vater dir aufgeopfert hat! — gehorch ihm — er scheint dir wohl hart — er ist doch nur entschlossen, — und ach — die Nothwendigkeit befiehlt es.

Zehenter Auftritt.
Vorige. Christian.

Christian. Ein Bedienter des Fräuleins — Die Gesellschaft wartete, (leise) der Jude will nicht kommen.

Ruhb. S. Schrecklich! — Gleich werde ich kommen (Christian ab) Mit leeren Händen!

Mad. Ruhb. Du wirst wieder hingehen?

Ruhb. S. Ich muß, wegen — ich muß! — heut noch werde ich dem Baron ein Billet an das Fräulein übergeben. Wenn sie Menschen, und die Sprache des Herzens kennt, so ist sie überzeugt, daß mein Herz unter tausenden sie wählen würde — auch wenn sie in Dürftigkeit lebte. Ich habe durch Verlust des Vermögens ihr bewiesen, daß ich jede Aufopferung für nichts achte, wenn ich mir damit erwerbe, um sie zu seyn.

Mad. Ruhb. Wohl — und doch — Wie erniedrigt fühle ich mich, daß du dieser Heirath bedarfst? — (Ahndend) Wenn man dich abwiese?

Ruhb.

Ruhb. S. Nimmermehr!

Mad. Ruhb. (gewisser) Wenn man dich abwiese! Ach Eduard — ich habe den Gedanken noch nie gedacht, daß man meinen Sohn abweisen könnte—als jezt — seit ich arm bin!

Ruhb. S. Hoffen sie alles.

Mad. Ruhb. Du müßtest diese Stadt verlassen, und was würde aus deiner Mutter? Die Welt müßte meines Jammers lachen, dein Vater ihn verdammen. Ach, ein Weib ist so hülflos gegen jeden Schmerz — was könnte ich thun, als mir Vorwürfe machen, dir nachweinen und sterben?

Ruhb. S. (im höchsten Enthusiasmus) Gut, gut — ich sey abgewiesen. — Sie sollen nicht unglücklich werden — wahrhaftig nicht! Kindliche Liebe wird meinen Stolz erheben, Dankbarkeit, dringender Wiederersatz, alles wird mir ungewöhnliche Kraft geben. Jezt handle ich für die Ehre, für die Freuden der Liebe. Dann handle ich für meine Mutter, für meine verspottete Mutter — für meinen getäuschten Vater. Dann habe ich Unrecht gut zu machen, heiße Thränen abzutrocknen. Der Unglückliche kann einen Segen erlangen, den der Glückliche nicht verdient. Was könnte dem mißlingen, den diese heiligen Gefühle begeistern, wer in der Welt dem widerstehen, vor dem Gottes segnende Verheißung vorausgeht! — Fühlen sie das? — O liebe Mutter, sollte ich nicht wünschen, ich würde abgewiesen? —

Mad.

Mad. Ruhb. Eduard, wie liebe ich dich um dieses kindlichen Gefühls willen! — Ach es ist nichts glücklichers in der Natur, als eine Mutter, die stolz auf ihre Kinder seyn kann! — Ja — du hast mir Muth wiedergegeben. Sey alles verlohren — Ehre bleibt uns unverletzt. Dein Vater wird kommen — ich gehe — ich könnte dieser Unterredung nicht zuhören — — unsere Schuld ist zu groß. (Sie geht und kommt wieder) Warum wird es mir so schwer, von dir wegzugehen? — Ein ungewohntes Gefühl, hält mich zurück. — Ach Eduard — wenn wir wieder zusammen kommen — werden wir wohl glücklich seyn? — dieser Tag entscheidet für eine lange Zukunft — Ehre oder Schande! wie es komme — nur erhalte mir dein Herz und die Ehre! — Nimm ein Andenken von dieser feyerlichen Stunde! — da! — das Bild deines Großvaters. Das schäzbarste was ich habe, das Einzige was ich noch geben kann. Im Glück oder Unglück wenn ich nicht mehr bin — denk an deine Mutter, und die Ehre! Denke sie gab dir es in der Stunde, wo das Glück ihres Hauses, die Vorwürfe ihrer Schwäche, die Angst um dich! — ihr Todeskampf kostete. (sie geht)

Ruhb. S. (zugleich ihr nach) Ja das will ich.

Eilf=

Eilfter Auftritt.

Ruhberg Vater, Ruhberg Sohn. In der Folge **Christian.**

Ruhb. V. Die Unterredung mit deiner Mutter scheint lebhaft gewesen zu seyn?

Ruhb. S. Ja lieber Vater.

Ruhb. V. Du hast geweint — Wären es Thränen der Erkänntniß, — so würde ich dich segnen, und den Ausgang ruhig deinem Herzen überlassen.

Ruhb. S. Thun sie es, sie sollen sich nicht getäuscht haben.

Ruhb. V. Aber ich weiß, wo man dich eben jetzt wieder erwartet — und **warum** — Liebst du das Fräulein von Kanenstein?

Ruhb. S. Ja.

Ruhb. V. Gut. — Es ist zu spät zu untersuchen, ob dein Ehrgeiz, ihren Rang, ihr Vermögen — oder deine Liebe ihr Herz bedarf. Ich übergehe alle Einwendungen, die mich gegen diese Heirath einnehmen — Bedenke nur Eines!!

Ruhb. S. Das ist —

Ruhb. V. Ich bin sehr glücklich verheirathet; deine Mutter hat mich nie fühlen lassen, daß sie von Adel ist; — und doch ist dir mein Sohn dein Vater jetzt im Wege, denn er ist ein Bürgerlicher.

Ruhb.

Ruhb. S. Glauben sie, daß ich jeder guten Empfindung entsagt habe? Wollen sie mich so grausam erniedrigen, daß —

Ruhb V. Verweile einen Augenblick bey meiner Geschichte, und sieh was dir bevorsteht. Das Vermögen deiner Mutter, wollte ich ihrer Willkühr nicht verweigern, um ihr zu beweisen, daß ich bey unsrer Verbindung darauf nicht sahe. Deine Anlagen sind fürtreflich, allein sie hätten sorgfältiger gepflegt, männlicher geleitet werden sollen. Als Knabe schon waren romantische Ideen deine liebsten. Von da giengst du zur Empfindeley über — dir eckelte vor der schaalen Nahrung — du wurdest fleißig — deine Anlagen hatten sich entwickelt — du wurdest bedeutend — gelobt — du fühltest dich — dein Ehrgeiz entstand — stieg — wuchs ungeheuer, und ward durch die schwache Seite deiner Mutter auf einen Punkt gelenkt — Gott woll es nie von mir fordern, daß ich dich dahin kommen ließ. Dein Vertrauen neigte sich vom Vater weg — hin zu der Mutter welche deine Einfälle befriedigte. Ich liebe deine Mutter, ich hätte dieß alles nicht ändern können, ohne ihr das Herz zu zerreißen — du stehst jetzt auf einem Punkt, wofür ich zittre — heut — nachdem ich 25 Jahre glücklich mit einer fürtreflichen Frau gelebt habe — muß ich deinetwegen wünschen: — ich hätte sie nie gesehen.

Ruhb.

Ruhb. S. Lieber Vater, sie schaffen sich schreckliche Folgen einer so glücklichen Heirath. Warum denken sie mich nicht glücklich unter Leuten, die sich meines Glücks annehmen? Zwar sie lieben den Adel nicht — sie sind überhaupt gegen eine Verbindung verschiedener Stände eingenommen —

Ruhb. V. Mögen unglückliche — verzweifelnde Zänker den Adel schmähen — ich halte Unterschied der Stände für Bedürfniß. Aber ich kann nicht leiden, daß man irgendwo sey, wo man nicht hingehört — am wenigsten daß man sich aufdringe, wo man ganz und gar nicht hingehört. Ich liebte deine Mutter ohne irgend eine Rücksicht — doch ist diese Heirath meiner Kinder Unglück. Wenn ich nun sehe daß ein Bürgerlicher so viel Geringschätzung des freyen Willens, so wenig Gefühl seiner eignen Menschenwürde hat, daß er glaubt, der Abglanz einer fremden Würde — könne seinen Werth erhöhen: — so bedaure ich ihn — und wenn es mein Sohn ist, an dem ich dieß sehe, so kränkt es mich.

Ruhb. S. Wenn ich sie doch überreden könnte, eine der Einladungen anzunehmen, sie würden sehen —

Ruhb. V. Was du nicht siehst — was ich mir so gern verbergen möchte — daß man dich verachtet.

Ruhb. S. Wie —

Ruhb. V. Wie können sie anders? Was sollen sie von einem Manne denken, der in einer ansehnlichen

chen Klasse mit leichter Mühe, der Erste seyn könnte, statt des aber eine Familie zu Grunde richtet, um unter ihnen der Letzte, der Sklav ihrer Meinungen, der Lastträger ihrer Launen zu seyn. Dieß alles hat mich diese letzte Jahre her sehr beunruhiget — um so mehr da ich es nicht ändern konnte, so langen das Vermögen deiner Mutter noch da war. Dieses ist nun — doch sie wird mit dir darüber gesprochen haben.

Ruhb. S. Ja.

Ruhb. V. Auch wegen meines bestimmten Willens in Ansehung deiner.

Ruhb. S. Auch deswegen.

Ruhb. V. Nun so gehe hin. Spiele nicht mehr. Was du jetzt noch verschwenden könntest — sind die wenigen ruhigen alten Tage deiner Aeltern. Es wäre zu hart, wenn du deine Mutter noch Mangel leiden liessest. — Ich bitte dich, spiele nicht mehr. — Jetzt habe ich denn weiter nichts zu sagen. Geh jetzt hin, wo man dich erwartet. (Er gehet, nach einigen Schritten fällt ihm der Sohn um den Hals.)

Ruhb. S. Mein Vater —

Ruhb. V. Was hast du —

Ruhb. S. Ich gehe nicht —

Ruhb. V. Wie —

Ruhb.

Ruhb. S. Ich bleibe hier —

Ruhb. V. Mein Sohn —

Ruhb. S. Ich gehe nie wieder hin — ich kann nicht — ich kann sie nicht verlassen — sagen sie mir, ob sie mir verzeihen können? —

Ruhb. V. Alles!

Ruhb. S. Ob sie mich wieder lieben können?

Ruhb. V. Du willst nicht wieder hingehen?

Ruhb. S. Nein.

Ruhb. V. Nie wieder?? —

Ruhb. S. — Nein! —

Ruhb. V. (nach einer Pause) Du warst von jeher rasch — schnell in Aufwallungen wie deine Mutter. — Du bist es wieder gewesen. Es wäre Mißbrauch, wenn ich dir ein Gelübde abdränge — das du nicht halten kannst.

Ruhb. S. Wie? —

Ruhb. V. Nein mein Sohn, jetzt sage ich dir, — gehe hin. (Christian kömmt, macht eine Pantomime auf Rubberg Sohn) Siehst du — jetzt mußt du hingehen. Wenn du aber zurückkommst — und bey kaltem Blute deine Rückkehr beschließest — dann mein Sohn — hast du etwas großes gethan — hast deinem Vater ein sanftes Sterbeküssen bereitet — Nein — du sollst
dein

dein Versprechen nicht gebrochen haben — Sieh, ich selbst (er führt ihn an die Thür der Gassenseite) führe dich hin.

Ruhb. S. Mein Vater —

Ruhb. V. (reißt sich los, und geht auf der entgegengesetzten Seite ab)

Ende des zweiten Aufzugs.

Dritter Aufzug.

Erster Auftritt.

(Zimmer des jungen Ruhbergs)

Christian, hernach Secretair Ahlden.

(Christian nimmt eine Wanduhr herunter, als er eben damit abgehen will kömmt der Secretair Ahlden.)

Secretair.

Ist sein Herr nicht zu Hause?
Christian. Nein.
Secr. Wo ist er?
Christian. Ach —
Secr. Ist etwas vorgefallen?
Christian. — Er ist wieder dort! —
Secret. Bei dem Fräulein?
Christian. Leider Gottes ja! — Sehen sie — man spricht nicht gern von seiner Herrschaft, und ich bin wahrhaftig der Mensch nicht — aber himmelschreyend ist es — Sehen sie nur, da wird ein Stück nach dem andern fortgetragen — (zeigt ihm die Papiere) Da — haben sie die Güte, sehen sie das einmal nach.

Secr. Laß er das gut seyn — laß er. Ich bin von allem unterrichtet, — und —

Christian. O lieber Herr — sie sind ja ein Freund von meinem jungen Herrn, und werden nun gar

gar ein Verwandter — wozu ich denn von Herzen Glück wünsche, — thun sie doch ein Einsehen in die Sache! Machen sie, daß er aus dem verfluchten Hause bleibt —

Secr. Ich will mein Möglichstes thun —

Christian. Sehen sie, von Jugend auf hat mich der junge Herr leiden können — und hat allemal große Stücke auf mich gehalten — wie manchmal hat er auf der Universität gesagt — Christian, so lange ich lebe, bleibst du bey mir, du sollst Brod haben, so lange ich welches habe! — ja — seit er mit den vornehmen Herrschaften umgeht — lieber Gott, da bin ich ihm nicht gut genug mehr. Sonst machte ich ihm alles zu Danke; jetzt ist dieß nicht recht, und das nicht recht — Warum? — Ach das sehe ich wohl ein; ich mache keinen Staat. Er möchte so einen jungen Brausewind haben — und mich will er doch nicht fortschicken. — Gut ist der Herr, darauf will ich leben und sterben — wenn er nur aus dem verfluchten Hause bliebe!

Zweyter Auftritt.

Haushofmeister. Vorige.

Haushofm. Dero gehorsamster Diener — Sind ohne Zweifel der junge Herr Ruhberg?

Secr. Nein mein Herr.

Christian. Er ist nicht zu Hause —

Secr.

Secr. Wenn sein Herr zu Hause kommt, so sage er ihm, ich ließ ihn bitten, mich bey sich zu erwarten. (ab)

Christian. Sehr wohl.

Haushofm. Der Herr kommen wohl bald nach Hause? So will ich mich hier noch etwas verpatientiren.

Christian. Das möchte ihnen wohl zu lange dauern.

Haushofm. So sey er so gut, ihm das Billet einzuhändigen. Sage er nur: Ich wäre der Haushofmeister des von Dammdorfischen Hauses. Ich habe in der Nachbarschaft zu thun und werde aufs baldigste wieder hier seyn. (ab)

Dritter Auftritt.

Christian allein.

Wirst nur gar zu bald wiederkommen, meyne ich immer. — Der ist auch aus der vornehmen Freundschaft geschickt. — Ich weiß was ich thue; wenn das Volk ihn noch einmal so überläuft — schicke ich sie alle zu der Fräulein Braut. — Mein Seel, schaden kanns nicht! Sie ist reich — und da sie ihn lieb hat — thut sie wohl einmal ein Uebriges. Er wird ihr es so nie sagen, wo ihn der Schuh drückt! —

Vierter Auftritt.

Ruhberg Sohn, Baron Ritau, Christian.

Baron. Kopf in die Höhe mon ami, Kopf in die Höhe! — perseverance!

Ruhb. S. (der sich gleich Anfangs in stummer Verzweiflung gesetzt hat, beschäftiget sich, ohne darauf zu achten, mit einem Spiel Karten) Ja, das ist wahr!

Baron. Jetzt müssen wir das Ding von allen Seiten angreifen. Vor allen Dingen — muß alles so masquirt werden, daß es scheine, als gienge noch alles auf brillanten Fuß fort. Man muß nicht merken, daß die Umstände im Verfall gerathen sind.

Ruhb. S. (ihm starr ansehend) Der Valet kostet mir viel!

Baron. Warum aber auch sich so entetiren?

Ruhb. S. (taillirt an dem Tische wo die Papiere liegen, welche er ohne aufzumerken herunterwirft, stampft mit dem Fuße, wirft die Karte weg, und ruft in einer Art Raserey) Er kostet verdammt viel!

Baron. (der auf die fallenden Papiere aufmerksamer worden ist) Was Teufel, ist denn das? Liebesbriefe? — (er nimmt sie) O weh! von böser Gattung; 100, 200, — 456, mon ami — Sie stecken tief? — das sind erst kritische Karten!

Ruhb. S. (der ohne auf ihn zu hören, heftig umhergeht) Die verdammte Sieben. Ich hatte so gar keine Ahndung davon!

Baron.

Baron. (Ihn beym Arme schüttelnd, ernstlich) Mon ami, hören sie doch!

Ruhberg. (gleichgültig) Was?

Baron. (sehr pressant und laut) Hier liegen eine Menge Noten, die bezahlt seyn wollen!

Christian. (der bisher im Hintergrunde war, kommt bescheiden näher, so daß Ruhberg in der Mitte ist) Es war fast nicht auszuhalten, so ungestüm waren die Leute — einige drohten — sprachen von Arrest —

Ruhb. S. (erwachend) Ja das ist bös — das ist schrecklich.

Fünfter Auftritt.

Vorige, ein Gerichtsdiener.

Gerichtsdiener. Wohnt hier Herr Ruhberg.

Christian. (der ihm gleich anfangs entgegengieng) Ja.

Gerichtsdiener. Stelle er ihm dieß zu. (ab)

Christian. (giebts hin)

Ruhb. S. (nachdem er gelesen) Teufel und alle Wetter!

Baron. Was ists?

Ruhb. S. Entsetzlich — entsetzlich!

Baron. So reden sie doch.

Ruhb. S. Sie wissen von der Forderung der Gebauerischen Erben an mich?

Baron. Die 1000 Rthlr.?

Ruhb.

Ruhb. S. Richtig. Eben ist bey der Justiz-Canzley Arrest gegen mich erkannt worden!

Baron. Teufel! — Ist das gewiß?

Ruhb. S. (Auf das Billet deutend) Der Rath Grundmann warnet mich, ich soll zuvorkommen — zahlen.

Baron. (zuckt die Achseln. Eine kleine Pause)

Ruhb. S. (nachdem er gelesen) Das Ding fängt an mich warm zu machen.

Baron. Freund! wenn das losbricht? so steht unsere Sache schlecht. Sehr schlecht?

Ruhb. S. (ironisch) Ja, da haben sie wahrhaftig recht.

Baron. Allons donc! — Geben sie mir das Billet an das Fräulein. Ich will ihr Heil versuchen.

Ruhberg S. Ja ja. (holt es, hat aber das Billet des Hofmeisters in der Hand gehabt, und giebt nun dieses statt jenem) Da — und nun — sie sehen es fängt an heiß zu werden — im Nahmen der Verzweiflung! Thun sie Wunder.

Baron. Das ist ja ein Billet an sie?

Ruhb. S. Wie? — ja wahrhaftig (sie tauschen) Laß sehen (er erbricht) — Ha!

Baron. Nun — wie?

Ruhb. S. C'est fort!

Baron. Was haben sie denn wieder?

Ruhb. S. Diese Nacht — mein Gott, wie konnten Sie's vergessen — diese Nacht!!

Baron.

Baron. Ah ciel! Der Herr von Dammdorf—

Ruhb. S. Das verfluchte va Banque!

Baron. Es war wahrlich — eine Insolenz.

Ruhb. S. Warum warnten sie mich nicht.

Baron. Mein Gott in einer solchen Gesellschaft!—

Ruhb. S. Warum rissen sie mich nicht bey den Haaren zurück!

Baron. Das würden sie mir übel gedankt haben —

Ruhb. S. Mein Engel wären sie gewesen!

Baron. Ja was ist zu machen?

Ruhb. S. (Ihm ins Ohr) Zum Thore hinaus zu gehen — einen schlechten Kerl mich brandmarken zu lassen.

Baron. Ah fi donc — den Kopf nur nicht verlohren. Jetzt entwickelt sich alles!

Ruhb. S. Ja wohl — ja wohl!

Baron. Nachgedacht, nachgedacht!

Ruhb. S. Worauf? woran?

Baron. An Zahlung —

Ruhb. S. Herr, ich habe nichts — nichts — gar nichts, bin ärmer als in den Windeln.

Baron. Also Ausweg denn?

Ruhb. S. Welchen — welchen? Dort 1000 Rthlr. — hier mein Ehrenwort auf heut!

Baron. Ja — da weiß ich nicht zu rathen. (leicht) Zwar das Ehrenwort —

Rubb. S. Verpfändet an meinen adelichen Nebenbuhler!

Baron. Es war aber auch eine rasende Sottise von ihnen.

Rubb. S. Ja rasend war ich — das war ich!

Baron. Man müßte versuchen, ob der Herr von Dammdorf in einem großmüthigen Raptus, zu Milderung der Summe zu persuadiren wäre — Eine Art Geschenk —

Rubb. S. Es ist mein Nebenbuhler!

Baron. Ich habs — das geht. Eine höfliche Vorstellung — begleitet von einen Wechsel, worinne sie sich zu der Schuld öffentlich und förmlich bekennen. — Sie hoften, er würde nicht so stricte auf der Zahlung bestehen, da ohnehin ein Kavalier das Ehrenwort eines Bürgerlichen —

Rubb. S. Die Ehre des Bürgers gegen den Kavalier, ist die stolzeste in der Welt, und nicht selten die unverletzlichste.

Baron. Ja das sind alles herrliche Sentiments! — aber, wenn alle ihre Schuldner ein Geschrey erheben; so ist ja die Proposition die sie dem Fräulein thun wollen, die lächerlichste von der Welt.

Rubb. S. Das weiß ich, das bringt mich ja von Sinnen!

Baron. Die halbe Gesellschaft stierte sie an, lachte, zischte sich in die Ohren, als das rasende va Banque, ihnen echappirte. Sie schnitten ja Gesichter

und

und rabotirten solches Zeug, daß ich mich wahrhaftig wundere, daß sie nicht gleich der Gegenstand der allgemeinen Persiflage geworden sind! hm —

Ruhb. S. Ha, ha, ha, — Persiflage, ja das ist das rechte Wort!

Baron. Ja wahrhaftig!

Ruhb. S. Hm! — Hören sie, mir ist wunderlich bey dem Dinge zu Muthe, ich bin — in einer recht mörderlichen Stimmung.

Sechster Auftritt.
Salomon, Vorige.

Salomon. Na! endlich einmal — Höre sie, ich bräuch mein Geld — glach —

Baron. Aber —

Salomon. Prolongire kann ich nit mehr.

Ruhb. S. Salomon — höre, wenns dein Nutzen wäre — liehest du wohl noch etwas her?

Salomon. Was rede sie? — Gewesen bin ich bey der Fräle Braut.

Ruhb. S. Baron.}
Baron. } Kerl!

Salomon. Nu, gesprochen habe ich sie nit, aber — as sie mich nit zahle — ich muß wieder hingehen.

{ Ruhb. S. Beym Teufel. —
{ Baron. Kerl wo du —

Ruhb. S. Ich muß einen Ausweg haben.

Salomon. Nu — ich muß Resolution habe?

Siebenter Auftritt.

Haushofmeister. Vorige.

Baron. O weh —

Ruhb. S. Was will er?

Haushofm. Eine geneigte Empfehlung von meinem gnädigen Herrn — dem Herrn Baron von Dammdorf und er schickt mich her, bey ihnen die bewußten 1000 Rthlr. zu empfangen.

Salomon. (zuckt sehr bedenklich die Achsel, Rubberg redet mit ihm, zeigt auf den Haushofmeister, der Jude geht mit Christian ab. Christian kommt gleich wieder herein.)

Baron. (nach einer Pause) Mein Freund das wird er wohl jetzt nicht mit bekommen — aber.

Haushofm. (fast grob) Ho ho, sie erlauben, — mein gnädiger Herr sagten für ganz gewiß: der Herr Ruhberg würden zahlen — sie hätten Dero Ehrenwort sehr stricte verpfändet.

Ruhb. S. (wild) Das habe ich auch —

Baron. (mit falschem Feuer) Mon ami! — sie haben mit ihrem Ungestüm alles verdorben — da liegt das Billet. — (er legt es auf einen Tisch) Ich zieh mich aus der Affaire. (will fort)

Ruhb. S. (hält ihn auf) Baron — Christian! (außer sich) Sie treiben mich zu verzweifelten Dingen.

Baron. Wie?

Christian. Was befehlen sie?

Ruhb.

Ruhb. S. (ängſtlich) Ich will — Herr Baron, ſie gehen doch gleich zu dem Fräulein?

Baron. Ja — wenn nur —

Ruhb. S. Chriſtian, frag doch meinen Vater, ob — ob — Nachmittag bey der Juſtitz Seßion iſt?

Chriſtian. (ab.)

Haushofm. Ich bitte mich nicht lange aufzuhalten —

Ruhb. S. Nein, nein —

Haushofm. Ich bin bereits beordert, ſo wie ich von hier weggehe, mit dieſer Summe einen Poſten zu tilgen. Ich hoffe ſie werden in Conſideration, Dero gegebenen Parole, mich nicht —

Ruhb. S. Halt ers Maul — er wird bezahlt.

Baron. Mein Gott wovon —

Chriſtian. (zurückkommend) Der Herr Vater ſind nicht zu Hauſe.

Ruhb. S. Chriſtian, der Jude ſoll bey dir warten — bis — bis ich klingle — (Chriſtian geht.)

Ruhb. S. Herr Baron — haben ſie die Gnade den Mann einen Augenblick — ich bin gleich wieder hier. (ab)

Achter Auftritt.

Baron. Haushofmeiſter. Ruhberg S. bald wieder
zurückkommend.

Baron. Er weiß wohl nicht mein guter Alter — ob ſein Herr jetzt bei dem Fräulein Kanenſtein iſt.

Ruhb.

Ruhb. S. (tritt haſtig ein) Herr Baron.

Baron. Was haben ſie —

Ruhb. S. (ſich leicht ſtellen wollend) Sie glauben alſo — wenn ich dieſe Leute bezahlen könnte — hätte ich Hofnung bey dem Fräulein?

Baron. (befremdet und verwirrt) Ja die haben ſie. — Mein Gott ja — aber was haben Sie — — blaß, entſtellt — der Angſtſchweiß ſteht ihnen auf der Stirne — ſie zittern —

Ruhb. S. — Dem alten Manne währt die Zeit lange. (ab)

Baron. (ihm nachſehend. Eine kleine Pauſe) Das begreife ich nicht!

Haushofm. Sehen ſie Herr Baron, ich kann ihnen nicht ſagen, ob mein gnädiger Herr alleweile bey dem Fräulein ſind, denn um des gnädigen Herrn Thun und Laſſen, Gehen und Stehen bekümmere ich mich nicht. Ich denke immer: „Was deines Amts nicht iſt, da laß deinen Vorwitz„ und Gott ſey gedankt! — ich befinde mich wohl dabey.

Baron. Ha ha, das glaube ich — ich lobe ihn.

Haushofm. Aber mein gnädiger Herr ſind auch nicht etwan ſo, wie es manche giebt. — „Die Schaale weggeworfen, wenn die Citrone ausgedrückt iſt„ — Denn ſehen ſie, ich bin ein Erbſtück von dem ſeel. alten Herrn.

Baron. So ſo! — Aha.

Haushofm. Ich kann ihnen sagen, Herr Baron, auf dem Gute ist kein Acker Landes, kein Weiher, kein Gehölz, kein Baum, Obst= und Gemüse= Garten, ich weiß, was er trägt.

Baron. Tausend! — das ist viel.

Haushofm. Ja den möchte ich sehen, wer den gnädigen Herrn um einen Pfennig betrügen könnte, wenn er erst durch meine Hand gehen muß.

Baron. O ja, dafür sehe ich ihn an.

Haushofm. Ja — es wird doch nichts erübriget. Bey dem seeligen Herrn war allezeit ein starker Ueberschuß, bey uns aber will es nicht zulangen. — Herr Baron (raunt ihm vertraulich zu) Der Staat ist zu groß. —

Baron. (lachend) Ja wohl da —

Haushofm. (wie vorhin) Sie wollen es Fürsten und Herrn gleich thun!

Baron. Ja, da liegt es.

Haushofm. So eine Reise nach Italien die macht mir denn auch viel Molestie. Da kömmt ein Brief nach dem andern. — „Geld Alter — Geld!" Da muß hingeschickt werden — Ah — es ist eine Schande und ein Spott. Wenn der gnädige Herr hier etwas kaufen, da fragen sie so wohl zuweilen Dero alten Knecht — o, da habe ich schon manchen luftigen Handel, den Krebsgang gehen lassen.

Baron. (lange Weile findend) Das ist wahr, sein Herr hat an ihm einen treuen Diener.

Haus=

Haushofm. Ja, ich bin ein alter Knabe, aber, was die Treue importirt, da thut mir es keiner gleich.

Neunter Auftritt.

Vorige. Ruhberg (blaß, verstört und hastig.)

Ruhb. S. Hier alter Freund ist sein Geld —— Geh er.

Haushofm. Wegen dem Nachzählen.

Ruhb. S. Das thue er zu Hause —

Haushofm. Ja und dann wegen der Quittirung.

Ruhb. S. Ich will keine — fort!

Haushofm. Nun dann — ihr gehorsamster Diener. (ab)

Baron. Ich bin höchlich erstaunt — bravo! ich gratulire!

Ruhb. S. Ich danke ihnen, Herr Baron — ich danke ihnen.

Baron. Aber wo zum Kukuk, haben sie denn am Ursprung des Mangels, noch eine solche Summe herbekommen?

Ruhb. S. Da haben sie noch einige Summen, zahlen sie damit den Juden, nehmen sie die Gebauerische Klage zurück, und befriedigen sie die schreyendsten Forderungen — und vor allen — eilen sie — fliegen sie zu dem Fräulein.

Baron. So gleich.

Ruhb.

Ruhb. S. Ich will der Kleinigkeiten nicht erwähnen, welche sie mir als Freundschaftsbezeugungen oft so hoch anrechneten, nicht daß ich ihnen einst das Leben rettete — aber daß sie mich diesen Engel kennen lehrten — daß ich nun aus Armuth bedarf, was vorher nur mein Glück vergrößert haben würde, daß verschwendete Reichthümer, eine vernichtete Familie, verloren — o mein Freund, bey allem was sie wissen — bey dem was sie nicht wissen! — Fachen sie jedes Fünkchen, das für mich spricht zur Flamme an! Mein Glück muß gleich entschieden werden, wenn es so groß seyn soll, als mein Unglück werden kann.

Baron. Gott mir ahndet ein schrecklicher —

Ruhb. S. Gehen sie — kein Zögern, seyn sie so schnell, als wenn es ihre Seele gälte!

Baron. Ja wenn aber —

Ruhb. S. Laßen sie mich! ihr Dastehn ist schrecklich, tödtlich ihr Anblick bis sie von ihr kommen (er treibt ihn ängstlich fort) Fort, fort — ich muß allein seyn. (Baron ab.)

Zehenter Auftritt.

Ruhberg S. allein.

Allein — allein muß ich seyn, seit ich lasterhaft bin — oder ist es frömmlende Gewissenhaftigkeit — Ueberbleibsel der Ammen-Moral? — Aber diese Angst, diese Ban-

Bangigkeit — Das Blut schlägt zum Herzen — meine Hände sind kalt — alle Besinnung verläßt mich — ist das das Zagen des gemeinen Sünders? — — Rasender — du bists! — „Meinem Vater heimlich abgeliehen„ sage ich! — „Er hat die Landes-Casse angegriffen„ wird die Menge sagen. Neid, Verfolgung, Falschheit, Wuth und Gesetze, werden gegen mich aufstehen. „Er hat die Kasse best„ Hier darf ich das Wort nicht sprechen, in kalten, gräßlichen Mauren werde ich es brüllen, die Gesetze werden ihr Opfer suchen — und der Gedanke hat es entseelt.

Eilfter Auftritt.

Secr. Ahlden. Ruhberg Sohn.

Ahlden. Ah — sieh da! mein Freund Ruhberg.

Ruhb. S. Ihr Diener.

Ahlden. Ich habe längst sie zu sprechen gewünscht.

Ruhb. S. So? — (kalt) wollen sie nicht Platz nehmen?

Ahlden. (mit möglichster Gutheit) Ey, mein lieber Ruhberg, seit wenn sind wir denn auf so zeremoniösen Fuß mit einander? — Zwar pflegt es wohl so zu gehen, wenn man sich lange nicht gesehen hat. Aber das ist nicht meine Schuld — ich habe sie sehr oft verfehlt.

Ruhb. S. (höflich) Thut mir von Herzen leid.

Ahlden. Die große Welt liebt sie zu sehr, — da müssen sie denn oft mitschwermen.

Ruhb. S. (obenhin) Hm! — Es wird auch mehr davon gesprochen als wahr ist.

Ahlden. Wie es denn zu gehen pflegt.

Ruhb. S. Haben sie mir noch etwas zu sagen — ich bedaure — und rechne auf ihre Entschuldigung; ich muß wegen einer pressanten Angelegenheit —

Ahlden. So — — ja mein lieber Ruhberg, mich führt eine besondere Bitte her.

Ruhb. S. Die wäre?

Ahlden. Sie erinnern sich doch ihrer Zeichnung von Sonnenuntergang — sie machten sie auf der Universität, sie gefiel so sehr.

Ruhb. S. Ah — ja.

Ahlden. Man hat mich darum gebeten, ließen sie mir sie wohl auf einige Tage?

Ruhb. S. Warum nicht. (Er nimmt ein Portfeuil aus der Commode, und aus diesem die Zeichnung) Da ist sie.

Ahlden. Ja — das ist sie — wahr! — Es ist doch ein herrliches Stück! an dem Tage, als sie dem Baron Ritau das Leben gerettet hatten — machten sie dieß. (Er betrachtet es) Wie ehrwürdig war mir der große Jüngling, als die scheidende Sonne sein Gesicht röthete. (Er scheint in der Betrachtung verloren) Die herrliche Perspektive — in kleinen Zügen, die weite Schöpfung so groß dargestellt — bey allem, was schon über das nämliche gesagt, gesungen und gemahlt worden

E

den ist — so kühn — so neu und doch so wahr, in leisen Andeutungen — so unendlicher Raum für die Phantasie — Das ist kein Stück, davor man einst vorübergehen und sagen wird: „es ist schön.„ — Es ruft den Abend zurück — es gibt ihren Blick — indem man es sieht, ist man der Künstler, der es schuf, und wenn man es verläßt — scheidet man von einem Freunde! — Ich sehe sie an der Warte sitzen, und mich und die Uebrigen. — Es war wohl ein schöner Abend! —

Ruhb. S. (seufzend) Ja — das war er.

Ahlden. (ohne vom Gemählde wegzusehen) Galt dieser Seufzer den Universitätsjahren?

Ruhb. S. In gewisser Beziehung — o ja.

Ahlden. (wie vorhin) Schade, daß sie in dieser Kunst nicht weiter giengen —

Ruhb. S. Schade? (in der Meinung, daß Ahlden ihn nicht beobachte, halb für sich) Schade um vieles!

Ahlden. (sich schnell zu ihm wendend) Ja wohl. Sie haben in der Poesie interessante Sachen geliefert — das schläft nun alles. Auch für die Musik sind sie todt.

Ruhb. S. Das alles wird wiederkommen.

Ahlden. Gut! Aber unterdessen nutzen sie niemand. Ein Talent wie das Ihrige darf keine Stunde ungenützt in der Welt seyn. — Wissen sie noch, wie wir auf der Universität uns freuten, nach und nach dem Aktenstyl aus dem Wege zu gehen — wie wir

wir uns ärgerten, daß die Richter den Menschen nicht begriffen — wie wir uns beredeten, wenn es einst an uns kommen würde, in den Gerichten ohne Schwärmerey mit Ernst Gutes zu thun!

Ruhb. S. Wohl weiß ich es. Mit dem Willen kam ich hieher. Es lag mir wenig daran gekannt zu seyn. Aber — Nitau machte mich bey der Kanenstein bekannt, meine Mutter selbst zog sie an sich — Leidenschaft für das göttliche Geschöpf riß mich hin — ich ward in die Lebensart verwickelt — und vorbey war es mit jenen einfachen Planen.

Ahlden. Und vorbey mit ihrer Glückseligkeit. Sonst lebten sie das Leben des Weisen — was jezt! — sagen sie sich selbst — wie es jezt mit ihnen steht! Oder — wenn ihr Gewissen nicht treu ist — gut — lesen sie es in gräßlicher Schrift an den Gesichtern einiger Unglücklichen dieses Hauses, deren Seligkeit sie — vertändelt haben.

Ruhb. S. Ahlden — sie wissen, daß ich nicht mehr bin, was ich war, daß ich es nie wieder seyn kann. — Was wollen sie, was machen sie aus mir?

Ahlden. Bruder meiner künftigen Frau — mein Bruder — edler junger Mann — du mußt uns noch glücklich machen! Feyerlich im Nahmen der Würde deines Geistes, rede ich dich an — entsage Chimären — werde Bürger, Bruder — Sohn — und du bist groß!

Ruhb. S. Es ist zu spät — es ist zu spät! — ja wenn — es ist zu spät! — Gott sey gedankt — der dich — dieß Du — gebe ich dir aus ganzem Herzen — der dich meiner Schwester gab. Du mußt wissen, so sehr ich vielleicht unglücklich bin — so ist mein Herz doch nicht so vertrocknet, daß für euer Glück mir nicht eine dankbare Thräne übrig bliebe —

Ahlden. Zähle auf mich — ich werde dir diese Thräne nie vergessen.

Ruhb. S. Verlaß mich — geh — ich bin sehr erschüttert —

Ahlden. Nein ich muß die Rückkehr dir noch abgewinnen.

Ruhb. S. O es ist zu spät — (an Verzweiflung gränzend) **Es ist zu spät!!!**

Ahlden. (aufmerksam) Wie so? was könnte.

Ruhb. S. (erschrocken) Es wäre freylich wohl — aber dann — das trockne Aktenleben.

Ahlden. Trocken? Wahrlich, das kann eine Arbeit nicht seyn, die Menschen glücklich macht. Sieh — zum Beyspiel: — — heut ist es entschieden daß meine Defension einem Menschen das Leben rettete. — Sag dir es — wie ich mich dabey fühle.

Ruhb. S. (nachläßig, ohne jedoch den Hauptton zu verlieren, der diese Scene charakterisiren kann) Freylich — das — habe ich mir oft gesagt. Wen hast du defendirt?

Ahlden.

Ahlden. Den alten Einnehmer Siebert von Grün=hayn, du mußt dich erinnern — der berüchtigte Kaſ=ſen=Angriff —

Ruhb. S. — Kaſſen=Angriff! So? ſo!

Ahlden. Kennſt du den Mann?

Ruhb. S. Ja der Fall iſt mir bekannt.

Ahlden. Die Defenſion war nicht leicht. Die Kaſſen=Defekte ſind ſeit einiger Zeit ſo häufig — die geſchärften Geſetze hatten den Galgen auf geringe Summen geſetzt.

Ruhb. S. Es iſt Unſinn, Todesſtrafe darauf zu ſetzen.

Ahlden. Ja die Wiederholung. —

Ruhb. S. Es iſt Raſerey, ſage ich dir.

Ahlden. Kann aber mit irgend einer Ordnung ein ſolcher Diebſtahl —

Ruhb. S. (raſend) Ein Menſch der eine Kaſſe angreift, iſt kein Dieb.

Ahlden. Was denn anders?

Ruhb. S. Die mehrſten wollen es wieder er=ſetzen.

Ahlden. Wollen!

Ruhb. S. Und *würden* — wenn man nicht —

Ahlden. Auf dieſe Art könnte jeder liederliche Burſche zur Befriedigung ſeiner Ausſchweifungen ſteh=len — und —

Ruhb. S. Unterſucht ihr denn aber — wie der Menſch dahin gekommen iſt? Giebt es nicht Fälle, wo der Richter gerade ſo gehandelt haben würde, als der Verbrecher, den er verdammt?

Ahlden. Wohl. Tauſche die Perſonen, und es wird —

Ruhb. S. Ha, du biſt kalt — kalt — wie ſie alle ſind. Eure Pflicht heißt Blutgier, eure Gerechtigkeit iſt Morden.

Ahlden. Aber ſage mir — wie kannſt du wegen eines möglichen Falles.

Ruhb. S. Hm — das werde ich jezt erſt gewahr —

Ahlden. So ausſchweifend heftig ſeyn — ich begreife dich nicht.

Ruhb. S. In der That, ich muß deklamirt haben — Verzeih — du weißt ja —

Ahlden. Du haſt eine eigene Art. Kannſt du dich nicht für eine Sache intereßiren — ohne ſie, mit einem Feuer zu umfaſſen, das dich verzehrt!

Ruhb. S. Das iſt meine fröhlichſte Hofnung, daß es nicht lange mehr ſo dauren kann — Wenn es nur nicht auf eine ſchreckliche Art bricht!

Ahlden.

Ahlden. (Ihn mit Güte umarmend) Ist denn nimmer Friede in dir? (eine Pause — Ruhberg wendet das Gesicht ab) Innres Bewußtseyn gewährt ja Frieden und die Ruhe des Weisen!

Ruhb. S. (dreht sich rasch um, firirt, ergreift ihn) Geh hin, und weine über mich! (er stürzt aus dem Zimmer)

Ahlden. Ruhberg, Freund, Bruder — (ihm nach)

Ende des dritten Aufzugs.

Vierter Aufzug.

Erster Auftritt.

Ruhberg Vater, hernach Christian.

Ruhb. V.
(ist schon auf der Bühne, er sizt und liest,
sieht nach der Uhr)

Drey Viertel auf vier — Nun werden sie bald hier seyn. (klingelt, Christian kommt) Ist mein Sohn zu Hause?

Christian. Gewesen — und sagten, sie würden bald zurückkommen.

Ruhb. V. Gut. Wer vorfährt oder sich melden läßt wird nicht angenommen.

Christian. Sehr wohl. (ab)

Zweyter Auftritt.

Herr und Madam Ruhberg.

Ruhb. V. Meine Liebe. Sie haben treffliche Einrichtungen gemacht. Bey ihrer getroffenen Einschränkung litt niemand, der uns lange gedient hat. — Zwar, das durfte ich von ihrem Herzen erwarten.

Mad. Ruhb. Der Himmel weiß. Ich habe nicht leicht einen schmerzlichern Auftritt gesehen. Sie wissen, es sind alle gute Leute. Keiner wußte woran er war, — sie wollten, sagten sie: „gern um weniger
die-

dienen, sie wollten — ich konnte es nicht länger ertragen, ich schloß mich in mein Kabinet und weinte.

Ruhb. V. Ich stelle mir sehr lebhaft vor, was sie bey dem allen geduldet haben. — Auch habe ich eben deswegen ihnen vorschlagen wollen, ein anderes — etwa kleineres Haus zu beziehen, um alle Erinnerung von vordem zu verbannen.

Mad. Ruhb. O lieber Mann — das Haus ist lange bey meiner Familie gewesen —

Ruhb. V. Es kömmt darauf an, wie mein Sohn steht — ob wir es behalten können oder nicht. Wenn er aber keine Schulden hätte, welches doch nicht zu vermuthen ist, so braucht er doch ansehnliche Unterstützung, ehe seine Geschäfte in Gang kommen.

Mad. Ruhb. Unterstützung? — Geschäfte? Sie vergessen —

Ruhb. V. (gütig) Was ich so gern vergesse, die Heyrath.

Mad. Ruhb. Ach! —

Ruhb. V. Hat er Anfrage gethan —

Mad. Ruhb. Ja.

Ruhb. V. Und die Antwort —

Mad. Ruhb. Ist noch nicht zurück.

Ruhb. V. Noch nicht zurück? — Lassen sie uns nicht weiter davon reden — Eduard wird doch kommen?

Mad. Ruhb. Gewiß.

Ruhb. V. Wenn es möglich ist — so seyn sie heiter an meinem Familienfeste.

Mad. Ruhb. Werden sie Kummer an mir gewahr — ach! — so gilt er nur mir.

Dritter Auftritt.

Vorige, Obercommissarius Ahlden, Secretair Ahlden, von Louisen hereingeführt.

Obercomm. (noch inwendig) Ich habe zu bitten — wird nicht geschehen.

Ruhb. V. Ah da sind sie!

Obercomm. Ey, ey, (tritt ein) sie sind gar zu artig Mamsell, gar zu artig.

Ruhb. V. Seyn sie mir herzlich willkommen —

Obercomm. Ihr Diener Herr Kollega — gehorsamer Diener Madam —

Mad. Ruhb. Mein Herr —

Secr. Wir kommen früher, als sie uns erwarteten. Das werden sie mir vergeben.

Ruhb. V. Wollen sie nicht Platz nehmen.

Obercomm. Wenn sie erlauben — ich liebe die Bewegung im gehen und stehen — die Uebrigen werden sich ihrer Bequemlichkeit bedienen. — Ein recht allerliebstes Kind — ihre Mamsell Tochter, so artig und manierlich — so sedat. —

Louise. (zum Secret. Ahlden) O wie mich das freuet, daß ich ihm gefalle.

Obercomm. Wie alt ist das liebe Kind?

Mad. Ruhb. Neunzehn Jahr.

Obercomm. Neunzehn? — so alt, wie mein Justinchen wenn sie noch lebte. Auf Johannis werden es sieben Jahre, daß sie starb. — Warum setzen sie sich nicht? Richten sie sich nicht nach mir! Viel Sitzen wäre mein Tod — Sitzen, Wein, Kaffee und Traurigkeit, dafür muß ich mich gewaltig in Acht nehmen.

Ruhb. V. Da thun sie wohl.

Obercomm. Wenn ich nur ein wenig über Schilds Rand gehe, gleich kommt mein Accident — Das Blut steigt mir zum Kopfe, ich sehe alles doppelt und dreyfach.

Mad. Ruhb. Sie scheinen doch recht wohl zu seyn, auch —

Obercomm. So, so, — ein Paar allerliebste Schwanen haben sie in ihrem Garten, Madam! — Apropos — ist denn der Herr Sohn nicht da —

Mad. Ruhb. Er wird nachher die Ehre haben, ihnen —

Obercomm. Nach Zeit und Gelegenheit — preßirt nicht —

Mad. Ruhb. Erlauben sie, er —

Obercomm. Wenn sie erlauben, werde ich die lieben Thierchen dann und wann besuchen, ich füttre sie so gern.

Mad.

Mad. Ruhb. (verbeugt sich) Mein Sohn würde längst hier gewesen seyn, wenn —

Obercomm. (sagt zu Ruhb. V.) Wissen sie denn, wer die reiche Amtsvogtey bekömmt (er nimmt ihn mit sich in den Hintergrund)

Mad. Ruhb. (sieht ihm etwas empfindlich nach)

Secr. und Louise (stab in Verlegenheit)

Mad. Ruhb. Ihr Herr Vater hat vielleicht vor der Hand Geschäfte mit meinem Manne, wenn das ist, so wollen wir. —

Secr. Noch nicht, glaube ich — (näher zu ihr) Es ist Liebe und Gütigkeit, wenn sie die Aussenseite entschuldigen, o wenn er ihnen näher bekannt seyn wird —

Ruhb. V. Ich hätte doch nicht gedacht —

Obercomm. Cui favet, (wieder herunterkommend) lieber Herr Kollega — cui favet! — Nun was ich sagen wollte — die jungen Leute wollen uns in Verwandschaft bringen?

Ruhb. V. Ja lieber Ahlden, das hat sich so auf einmal gefunden.

Obercomm. Ich will ihnen sagen — wenn es ihr Wille ist — je nun — in Gottes Namen! — ich will nichts dagegen haben.

Mad. Ruhb. Ich danke ihnen dafür. Für uns und meine Tochter, daß sie nichts dagegen haben wollen.

Ober=

Obercomm. Ja sehen sie — sie müssen mirs nicht übel deuten — Im Anfange hatt' ich dagegen.

Ruhb. V. (nur wenig befremdet) So?

Mad. Ruhb. (fast heftig) Das hör ich zum erstenmale in der That.

Obercomm. Ja, ja, im Anfange war ich gar nicht, davon erbauet.

Secr. Ja, mein Vater meynte —

Obercomm. Daß sein Sohn ihn reden laßen sollte! — also — wie gesagt, denn ich bin nun einmal so, — hinterm Berge halten und dißimuliren, ist all mein Lebtage meine Sache nicht gewesen — Im Anfange — hätt' ich lieber — lieber gewollt, daß mir — Gott verzeih mir meine schwere Sünde, die hohen Herrn meine Rechnung nicht hätten paßiren laßen, als daß der Mensch sich hier vergafft hätte.

Mad. Ruhb. Ich weiß nicht wie —

Obercomm. Sie erlauben, — es gehört zur Sache — ich will sie nicht beleidigen.

Mad. Ruhb. Ich gestehe, daß es mich einigermaßen befremdet —

Obercomm. Nur Geduld. Ich weiß, sie nehmen Raison an. Sehen sie — jeder Vater hat Aussichten für seine Kinder, und Entwürfe, wie sie zu Brod und Ehre gelangen sollen — so mochte ich denn nun für meinen Sohn auch ein Projectgen gehegt und gepflegt haben — dem diese Heyrath schnurstracks entgegenlief. Ja — und da werden sie pardoniren,

daß

daß ich Anfangs diese Heyrath nicht gern sah. He — was sagen sie?

Mad. Ruhb. O ja — der Fall ist mir wohl begreiflich (mit Beziehung auf sich)

Obercomm. So sehr ich mich denn nun Anfangs alterirt hatte — denn sehen sie, der Junge hat mir noch in seinem Leben nicht so die Spitze geboten — — so dachte ich doch bald darauf: „Das Mäd„chen ist brav — ist ein honettes Haus — den ein„zigen Sohn hast du ja nur — sie ist ihm nun ein„mal an die Seele gewachsen, zudem hat er sein „Wort gegeben — Wort muß man halten — ich „habe in meinem Leben noch kein Wort gebrochen, „und sollte Schuld seyn — Nein" — Genug ich gab mich drein. So steht die Sache nun. Wenn sie beyde Aeltern nun ihre Einwilligung geben wollen, so ist die Sache richtig.

Ruhb. V. Sie sind ein biedrer rechtschafner Mann. Ich gebe meine Einwilligung.

Mad. Ruhb. Ich die Meinige.

Obercomm. Nun, das wäre also richtig — aber — je nun es wird sich auch wohl geben.

{ Ruhb. V. Was hätten sie noch.
{ Secr. Mein Vater —

Obercomm. Ja wenn ich wüßte — ich kann nicht eher froh seyn, bis ich es gesagt habe.

Mad. Ruhb. (gütig) O zögern sie nicht —

Ober-

Obercomm. Wahrhaftig? — Ich soll sprechen? — ja es betrift aber gerade sie —

Mad. Ruhb. Um so mehr bitte ich — haben sie Vertrauen auf mich —

Obercomm. (äusserst gütig) Sehen sie nur nicht auf die Worte, die weiß ich nicht zu setzen, aber ich meyne es warlich gut.

Ruhb. V. Euter Mann!

Mad. Ruhb. Wahrheit — zum Glück meiner Kinder, thut nicht weh.

Obercomm. Brav! wahrhaftig brav! So billig hätte ich mir sie nicht vermuthet. Nun sehen sie — ihr Haus? Ist ein Haus, dessen Verwandschaft Ehre macht. Aber — nehmen sie mir es nicht übel — ihre Lebensart ist mir zu groß. Darum bitte ich sie nun herzlich — lassen sie die Kinder fein bürgerlich zusammen haushalten. Nicht groß. Höre ich von ab- und zufliegen der jungen Herrn von Spieltischen, Lästerkompagnien, nieblichen Soupees und lustigen Parthien, so weiß ich, daß es mit meinem Sohn zu Ende ist, dann gräme ich mich und gehe drauf.

Mad. Ruhb. Ich wünsche meine Tochter glücklich — ich werde ihr mütterlich rathen, alle diese Dinge zu vermeiden. Auch —

Obercomm. Liebe, scharmante Frau — Mein Gott wie verkennt man die Frau — Nun freu ich mich der Heyrath erst, da sie so brav — so herzensbrav sind. Gott weiß, ich habe mich vor ihnen gefürchfürchtet. Ey, ey, ich habe ihnen Unrecht gethan — so wahr ich lebe — großes Unrecht.

Ruhb. V. Sie kannten sich beyde nicht.

Obercomm. Ey wir wollen manchen langen Abend zusammen verplaudern — sieh, sieh! — verschaft mir mein Karl noch so ein Paar herzgute Freunde ehe ich aus der Welt gehe (er drückt beyden die Hände) Und nicht wahr, ich darf kommen in meinem Alltagsrock?

Mad. R. Darf ich das ihnen noch beantworten!

Obercomm. Ja, den Rock habe ich nicht getragen? seit den neun Jahren, da unser Durchlauchtigster Prinz heyrathete — und weil ich sie noch nicht kannte, habe ich ihn heut angezogen. Geschieht nicht wieder!

Mad. Ruhb. (weint, und umarmt Louisen)

Ruhb. V. Was haben sie?

Mad. Ruhb. Soll ich nicht weinen? (zum Obercomm.) Ach mein Herr, meine Tochter — meine gehorsame Tochter kommt zu ihnen, wie — wie —

Obercomm. — Was —

Mad. Ruhb. Eine Bettlerinn —

Ruhb. V. Ja, mein Herr — mit Nichts, mit gar nichts — kömmt sie zu ihnen. — Mein ist die Schuld — dieß peinliche Bekenntniß ist die geringste Buße für meinen Eigensinn in einer schwächlichen thörigten Maxime. Ich ließ sie zur Bettlerinn werden.

Ober-

Obercomm. Bettlerin — mit einem Herzen für die Noth von Tausenden? — Meine Kinder, ich trete euch meinen Dienst ab, und das wenige was ich habe! — Mädgen — füttre mich zu Tode, hörst du?

Louise. Mein Vater —

Mad. Ruhb. Ach, ich elende Mutter.

Obercomm. Ich bin alt — schlecht und recht — brauche nicht viel, und kann auch noch weniger brauchen lernen. Gebt mir ein Kämmerlein unter dem Dache — aber meine Kinder müssen gut wohnen.

Mad. Ruhb. Sie pressen mir Thränen aus —

Obercomm. Großen Ton hasse ich: Aber wenn den Leuten eine Bequemlichkeit des bürgerlichen Lebens abgienge, wenn sie Mangel an stiller Hausfreude hätten, wenn ihnen nicht so viel übrig bliebe mit einem guten redlichen Freund des Lebens sich zu freuen, hie und da einen Elenden zu erquicken, einen Jammernden aufzurichten, so wollte ich auf Stroh schlafen, mir es am Munde abdarben, wollte Kinder unterrichten und abschreiben — bis sie hätten, daß sie so leben könnten.

Mad. Ruhb. Gott sey Dank — für ihr Herz und ihre Verwandschaft.

Obercomm. Obs ihnen gleich nicht übel gehen soll.

Ruhb. V. Nun meine Liebe, werden sie nun fröhlich seyn, an meinem Familienfeste?

F

Mad.

Mad. Ruhb. Ach — wäre Eduard nur auch so glücklich!

Ruhb. V. Wird auch werden! — Nun meine Kinder (Sie nähern sich) Wir sind einig. Junger Mann — ich gebe ihnen hier meine Tochter. — Machen sie sie glücklich — sie ist ein gutes Kind.

Mad. Ruhb. Mein Herr — seyn sie doch immer dieses Hauses eingedenk. Louise — vergiß deine Mutter nicht, und wenn es euch gut geht — vergeßt eures Bruders nicht. Seyd ihm Rathgeber und Stütze, wenn wir auch nicht mehr sind — so wird euch Gott segnen.

Ruhb. V. Ja darum bitte ich sie, und auch sie würdiger Mann.

Obercomm. Von Herzen — zwar hätte ich bey der Gelegenheit — indeß ein andermal.

Secr. Gott sey mein Zeuge, sie sollen sich in keiner Erwartung getäuscht finden, mein Vater — liebe Mutter — sie werden ihre Tochter glücklich sehen. Eduard dem Freunde meiner jüngern Jahre — nun meinem Bruder — verspreche ich Bruder=Treue bis in den Tod.

Louise. (zu Ahlden Vater) Werden sie ihre Tochter lieben? an ihren kindlichen Diensten Freude haben, lieber Vater?

Obercomm. Ja meine Tochter.

Louise Ihre Freude, ihr Zeitvertreib wird mein einziger Gedanke seyn.

Ober=

Obercomm. Ja! liebes Kind, wollen sie sich meiner annehmen? — Gott thut mir viel Gutes! Verlor mein liebes Weib, und hatte niemand, der mein Alter pflegte, und mir zusprach, wenn die Last zu schwer wurde — und habe nun so eine herrliche Schwiegertochter — und was mir die größte Freude macht, sie hat gerade die Art deiner seeligen Mutter — wenig Worte — aber das Herz im Auge — so ein Herz, von dem man Trost nehmen kann in dieser unruhigen Welt — Meine gute Charlotte, wenn du nun noch da wärest! — wenn du wüßtest, daß mirs noch so gut geht, nehmt mir's nicht übel — ich muß weinen — wenn ich an die gute Frau denke — sie war gar zu gut —

Ruhb. V. Weinen sie. Es ist ein tröstender Gedanke — daß der Platz, wo ein guter Mensch heraustrat — nach langen Jahren noch offen steht — und daß dem Weisen diese Lücke noch spät eine Thräne kostet.

Louise. Erzählen sie mir oft von ihr; nach ihrem Beispiel, und dem ihrigen, liebe Mutter — will ich lernen, meinen Karl glücklich zu machen.

Ruhb. V. (Pause) Ists doch Schade, daß wir so alt sind — die Kinder werden glücklich seyn und wir sehen es nicht lange mehr (kleine Pause, niemand bewegt sich)

Mad. Ruhb. Wer weiß, wie lange wir noch so beysammen sind? — (eine größere Pause)

Obercomm. Lieben Leute, das wird meinem Herzen zu viel. Gott seegne euch, seyd glücklich. Nun Herr Kollega, kommen sie an unser Geschäft. Das sag ich euch: wenn wir wiederkommen — und es spricht mir einer noch vom Tod und Sterben — den schicke ich fort! — Nun kommen sie. Nach der Arbeit ist gut ruhen. Diesen Abend wollen wir lustig seyn. (Er will immer gehn, seine Fröhlichkeit steigt aber und macht ihn wiederkommen) Madam — unter uns, ich habe von Musikanten gehört: Von einem alten Manne, der, wenns darauf ankäme, keinen Spaß verdürbe, und von einer braven lieben Frau, die ihm den Ehrentanz nicht abschlüge (ab mit Ruhberg Vater)

Vierter Auftritt.

Madame Ruhberg, Louise, Secr. Ahlden.

(eine kleine Pause)

Mad. Ruhb. Lieber Sohn, was haben sie vor einen würdigen Vater!

Louise. Ja wohl.

Secr. Er ist von strenger Redlichkeit — dann und wann zu gerade hin — aber gut wie man nur gut seyn kann.

Louise. Habe ich nicht gut gewählt, liebe Mutter?

Mad.

Mad. Ruhb. Wohl haft du das! ihr Herr Vater und ich, wir haben einander sehr verkannt. — Ich fürchte, er wird mich noch oft verkennen.

Secr. Haben sie vergessen in welcher Ergießung seines Herzens er ihnen vorhin Gerechtigkeit wiederfahren ließ?

Mad. Ruhb. Ich möchte diese gute Meynung so gern erhalten, aber ach — das sind für euch so glückliche Stunden, und ich kann euch meinen Kummer nicht verbergen —

Secr. (Ihre Hand küssend) Wollten sie das vor ihren Kindern?

Mad. Ruhb. Thränen zu eurer Freude!
Louise. Freude bey meiner Mutter Thränen?
Mad. Ruhb. Wo ist er, was macht er?
Secr. Ich verstehe sie —
Louise. (geht hinaus)

Mad. Ruhb. Aber fühlen können sie es wahrhaftig nicht, was in mir vorgeht. Wo ist er, warum ist er nicht hier? Heut nicht? jetzt nicht? — Es muß etwas mit ihm vorgehen.

Secr. Was könnte —

Mad. Ruhb. Das ists eben — ich fühle alles, was seyn könnte, und zittre vor dem, was ist. Er liebt seine Schwester unbegränzt, und ist nicht da!

Secr. Vielleicht —

Mad.

Mad. Ruhb. Er hatte obendrein versprochen da zu seyn, er hält sonst fest auf sein Wort (sehr bekümmert) und ist nicht da!

Secr. Wer weiß, ob nicht —

Mad. Ruhb. Nicht wahr — sie können nichts sagen —

Louise. (kömmt wieder)

Mad. Ruhb. Ist er noch nicht da?

Louise. — Nein —

Mad. Ruhb. — So viel Unruhe zu einer Zeit, wo jede Kleinigkeit, alles — auf das ganze Leben bestimmt. — Es gehet so vieles gegen meine Erwartung — ich hätte gern alles gut gemacht und habe alles schlimm gemacht. — Wie viele Aeltern sind in dem Fall, das erfüllt zu glauben, was sie für ihre Kinder wünschen — und wie wenige werden mir verzeihen.

Secr. Seyn sie gewiß die Thaten des Mannes, werden die Verirrungen des Jünglings verdunkeln.

Fünfter Auftritt.

Ruhb. Sohn. Vorige.

Louise. Da ist er.

Ruhb. S. — Komm' ich vielleicht zu spät?

Mad Ruhb. Es wäre zu spät, weil es nicht zu früh war — geschweige daß —

Ruhb.

Ruhb. S. Es ist mir leid; aber ich hatte unumgänglich auszugehen, und wurde an einigen Orten sehr aufgehalten — war der Baron Ritau noch nicht da?

Louise. Nein.

Ruhb. S. Nicht? — Sonderbar!

Mad. Ruhb. Hast du noch nicht Antwort erhalten?

Ruhb. S. Nein.

Mad. Ruhb. Das dauert lange —

Ruhb. S. Je nun — trösten wir uns mit dem Sprichwort —

Louise. Vor aller Eilfertigkeit wirst du des fremden Herrn nicht gewahr —

Ruhb. S. Mein lieber Bruder (umarmt Ahlden, zu den andern) Wir haben uns schon gesprochen —

Mad. Ruhb. Eduard, wenn du doch da gewesen wärst, du hättest einen fürtreflichen Mann kennen gelernt.

Ruhb. S. Wen?

Louise. Meinen zweyten Vater.

Ruhb. S. Ah — wo ist er und mein Vater — wo sind sie?

Mad. Ruhb. Er war so zufrieden von deiner Schwester, so vergnügt, so gerührt, er hat Thränen vergossen. Wir wurden alle so schwermüthig, — die Sache fieng an eine so traurige Wendung zu nehmen — das wurde dem guten Manne zu viel, auf

einmal

einmal brach er ab, und — eines theils war es schon vorige Woche verabredet, dann auch — um sich zu zerstreuen — sie sind eben bey der Kassen = Uebergabe begriffen.

Ruhb. S. Mein Gott!

{ Mad. Ruhb. Was ists?
  Louise Was hast du?

Ruhb. S. (Schon gemäßigt) Bey der Kassen=Uebergabe, sagen sie?

Mad. Ruhb Ja.

Louise. Warum findest du das so sonderbar?

Ruhb. S. Ey — denken sie nur selbst — heut — Geschäfte (mit Beziehung) es ist sehr sonderbar!

Secr. Ja, das ist so seine Art und Weise — es war vorige Woche auf heut bestimmt, und in seiner Zeitrechnung thut er sich allemal viel darauf zu Gute — wie er sagt: zwey Fliegen mit einem Schlage zu treffen.

Ruhb. S. (Ganz entfernt von den Uebrigen) O mein Gott!

Secr. Dagegen werden sie sehen, wie er heute lustig seyn wird, dem Jüngsten zum Possen. — Wenn er seinen Dienst gethan hat, scheint er ganz ein andrer Mensch.

Sechster Auftritt.

Hofrath Walter, Hofräthin, Vorige.

Mad. Ruhb. Schmälen muß ich mit ihnen lieber Vetter — so spät! — ist das freundschaftlich?

Hofrath. Die Schuld meiner Frau — noch eigentlicher aber, die liebe Gewohnheit ihres Geschlechts, nie mit dem Putz fertig zu werden!

Hofräthin. (zu Mad. R.) Ich habe Louisen mein herzliches Kompliment über ihre Wahl schon gemacht.

Hofrath. Ja — es wird ein glückliches Paar —

Secr. Die Prophezeihung kommt von einem glücklichen Paare.

Hofrath. Nun Cousin Eduard, warum so still —

Ruhb. S. Die Folge eines stechendenden Kopfschmerzens — weswegen ich auch auf mein Zimmer — (will fort

Hofräthin. (ihn aufhaltend) Das glaubt ihr dem jungen Herrn auf sein Wort? — ich nicht. Es ist zu still bey uns —

Ruhb. S. (ahndend) Es wird lebhafter werden!

Hofräthin. Indeß — ungerechnet des stechenden Kopfschmerzens, ungerechnet daß viele Damen über mich zürnen werden — ich rechne auf sie, als meinen Gesellschafter.

Ruhb. S. Sie werden schlechte Unterhaltung finden!

Hofrath. Du darfst stolz seyn, wenn du den Vetter eine Stunde behältst. Er ist als unbeständiger Gesellschafter bekannt (von innen wird etlichemal stark geklingelt.

Obercomm. (ruft) Zu Hülfe zu Hülfe.
Mad. Ruhb. Allmächtiger Gott!
Ruhb. S. Ich bin verloren!
Secr. Was ist —
Hofr. u. Hofräthin. Wer ruft?

(Mutter, Tochter, Secret. Ahlden, laufen nach der Thüre — Ruhb. Sohn sieht ihnen gräßlich nach, Hofrath und Frau stehen erschrocken, niemand betrachtet Ruhberg Sohn, als sie an der Thüre sind, stürzt der

Siebenter Auftritt.

Der Obercommissär, Vorige.

Obercomm. (ihnen entgegen) Zurück! — Mein Sohn, den Arzt, schnell — den Arzt! —
Mad. Ruhb. Mein Mann — mein Mann!
Louise. Ach Gott mein Vater!
Obercomm. Lauf, um Gotteswillen — lauf!
Secr. (ab)
Mad. Ruhb. Was ist meinem' Manne zugestoßen? —
Obercomm. Eine starke Ohnmacht — haben sie Salz bey sich.
Mad. Ruhb. Ja doch — — ja (will hinein)

Ober-

Obercomm. Bleiben sie zurück!

Mad. Ruhb. Wie —

Obercomm. Es kann nicht seyn.

Mad. Ruhb. Ich sollte nicht — wie —

Obercomm. Das Salz her! — da Herr Hofrath — auf Pflicht und Eid ihres Dienstes, lassen sie niemand hinein. — Niemand, wer es auch sey.

{ **Louise.** Mein Vater —
{ **Hofrath.** Aber —

Obercomm. Es geht nicht — hinein (er treibt ihn hinein, Madam Ruhberg hält er ab und schließt zu) So, Frau Hofräthinn — wollen sie besorgen, daß niemad aus dem Hause geht und ins Haus kommt — als mein Sohn und der Doktor? Verhüten sie alles laufen und fragen der Domestiquen. *)

Hofräthin. (ab)

Mad. Ruhb. Um Gottes willen, warum soll ich nicht zu meinem Mann —

Obercomm. Still nur — still nur —

Louise. Lassen sie mich zu meinem Vater.

Obercomm. Madam, an der Kasse fehlen 5000 Rthlr. in Louisd'or.

{ **Mad. Ruhb.** Mein Gott!
{ **Louise.** Was sagen sie?

Ruhb. S. (fährt zusammen)

(Pause.)

Mad. Ruhb. Sagen sie wahr?

Ober:

---

*) Diese Szene muß sehr rasch gespielt werden.

Obercomm. Gezählt — gefehlt — gezählt und wieder gefehlt! — da lag ihr Mann wie todt zur Erde — ich sage wahr.

Ruhb. S. (verzweifelnd) Mein Vater — mein Vater! (rennt nach der Thür, kömmt zurück zum Obercommissair) O lassen sie mich hinein, nur einmal noch ihn sehen, lassen sie mich hinein! — mein ganzes Leben für eine Minute bey meinem Vater! ich will seinen fliehenden Geist aufhalten — (er rennt an die Thüre wirft sich nieder) Vater, mein Vater, hörst du mich nicht?

Louise. Lebt er noch — o Gott, lebt er noch?

Obercomm. Still Kinder, schreckt den Mann nicht auf! Zurück junger Herr — hieher! — nicht gewinselt nicht geklagt; nicht geheuchelt; Rede und Antwort!

Ruhb. S. Ja — ja.

Obercomm. Wo ist das Geld hin, Madam? —

Mad. Ruhb. Weiß ich —

Obercomm. Das frag ich sie, die weiß, was im Hause vorgieng, die weiß, was außer dem Hause aufgieng.

Achter Auftritt.

Secretair A. Vorige, hernach der Hofrath.

Secr. Der Doktor wird gleich hier seyn — wie siehts? —

Louise. O schlecht!

Mad.

Mad. Ruhb. Was haben sie gefragt? — ich weiß es nicht. — Bey Gott ich weiß es nicht! —

Obercomm. (hämisch) Nicht? — Wollte Gott ich müßte es nicht wissen! O du gutherziger Thor — bist so oft betrogen, und wirst doch wieder gefangen!

Mad. Ruhb. Ach Gott, ich bin von mir — ich zittre an allen Gliedern — helft mir doch aufstehen —

Secretair und Louise (helfen ihr)

Secr. Mein Gott, was ist denn vorgegangen? — reiß mich aus dieser Angst.

Obercomm. (der unterdessen auf und niedergegangen war, trocknet sich die Stirne mit dem Tuch) Mich so in die Falle zu locken! Wartet ich will euch das Spielchen verderben! Also zur Sache — Es ist ein Hausdiebstahl, dann —

Secr. Was für ein Diebstahl?

Obercomm. Denn die Kasse ist nicht erbrochen noch beschädiget.

Secr. Was für eine Kasse?

Obercomm. Die Rentkasse, 5000 Rthlr. fehlen.

Secr. Heiliger Gott!

Obercomm. Also Madam, und sie junger Herr, sagen sie mir; kann die Summe ersetzt werden? — so — so ists gut — so will ich nicht sehen, was ich sehe.

Mad. Ruhb. Ach Gott, nein! — ja — vielleicht. Bringen sie uns nicht zur Verzweiflung.

Hof-

Hofrath. (aus dem Zimmer sehend) Still; kein Geräusch, er fängt an sich wieder zu erholen. (geht wieder hinein)

Obercomm. Also nicht ersetzt werden? — Gut! (gewaltsam an sich haltend) Es ist ein Haus=Diebstahl; sagen sie mir, auf wen sie Vermuthung haben, ehe ich öffentlich untersuche.

Mad. Ruhb. Wollen sie uns ins Verderben stürzen?

Obercomm. Zum letztenmale Madam — Ich frage wahrhaftig zum letztenmale, vermuthen sie was? (stärker) Wissen sie was?

Mad. Ruhb. So soll Gott nichts von mir wissen!

Obercomm. O wünschen Sie, daß er nichts von Ihnen wüßte —

Mad. Ruhb. Wie wollen sie —

Obercomm. Nein, ich kann nicht mehr — es frißt mir das Herz ab. Mich so zu locken, mich weich zu machen, um — Verdammt sey mein Herz — wenn ich euch nicht dafür züchtige.

Mad. Ruhb. Ach Gott, mein Herr ich schwöre —

Obercomm. Da liegt der gute Mann, Er soll das Opfer von Lügnern, Betrügern und Dieben seyn. Nein bey Gott, er soll nicht. Ich will euch seine Ehre aus den Klauen reissen — seine Leiche soll in Frieden zur Ruhe kommen.

Secr.

Secr. Aber mein Vater! — ich kann nicht zu mir selber kommen.

Obercomm. Da sieh hin — sieh den Teufel an, dem stehts auf der Stirne, was die Rabenmutter verläugnet.

Mad. Ruhb. Gerechter Gott! —

Obercomm. Sie habens! —

Mad. Ruhb. Ich?

Oberomm. Sie — sie sie! Ich will es schreyen, bis ihr gottloses Gewissen erwacht.

Louise. Arme Mutter —

Secr. Mein Vater —

Ruhb. S. Ich bins —

Mad. Ruhb. Was?

Louise. Großer Gott!

Obercomm. So?

Secr. Ich ahndete es.

Ruhb. S. — Ja ich bins! ich bin vom Schicksal hingetrieben; ich bin bey den Haaren hingerissen — ich bin vom Teufel hingeführt. Ergehe über mich was die Gerechtigkeit will, der Fluch des Vaters und der Mutter — ich bins!

Louise. Weh uns!

Secr. (zu Mad. Ruhberg) Mein Gott, wie ist ihnen? — reden sie doch!

Mad. Ruhb. Niederträchtig handelt mein Blut nicht. (zum Obercomm.) Lassen sie ihn hinführen, wo sie wollen — er ist mein Sohn nicht — er werde ein

öffent=

öffentliches Opfer der Gerechtigkeit, mich kostet es keine Thräne.

Obercomm. Mich führt ihr nicht an! — Sie kannten die Gesellschaften, die er frequentirte, sie wußten seine Ausgaben — sie haben auch um das gewußt.

Mad. Ruhb. Ueber ihren niedrigen Angriff bin ich erhaben! — Sie zertreten mich elende Mutter — Gott hüte sie für Reue.

Obercomm. Lachen sie Madam — den Muth nicht verlohren! — Sie haben ihn erzogen, sie haben das stolze Herz erzogen, lachen sie —

Secr. Mein Vater um Gottes willen Mäßigung, lassen sie uns die Sache verbergen!

Neunter Auftritt.

Die Hofräthin führt den Doktor durchs Zimmer ins Kabinet. Vorige.

Obercomm. So? hast du auch darum gewußt? haben sie dich durch Liebe bestochen? Habt ihr mich zum Opfer des Komplots machen wollen?

Secr. Mein Gott, wie kommen sie auf den Gedanken.

Louise. Bester Vater, verkennen sie uns denn ganz?

Ober-

Obercomm. Schwiegervater meynt ihr, muß Eyd und Pflicht vergessen? — Gut, mich sollt ihr nicht überlistet haben! — Ich kaßire die Heirath.

{ **Secr.** Nimmermehr — sie wollten —
{ **Louise.** O Gott.

Obercomm. Ich kaßire die Heirath!

{ **Secr.** So wahr Gott lebt, diese Verbindung
{ ist fest.
{ **Mad. Ruhb.** Meine unschuldige Tochter!

Obercomm. Ich will keine Verbindung mit stolzem Diebsgesindel.

Mad. Ruhb. (fällt entkräftet in einen Sessel)

Ruhb. S. Herr, beschimpfen sie mich, — martern sie mich — morden sie mich — Ich verdiene alles — aber wenn sie meine Mutter ferner mißhandeln, Herr, zittern sie.

Louise. Bruder, Bruder!

Ruhb. S. Ich habe nichts mehr zu verlieren.

Obercomm. Brav, brav, thue als ob du ehrlich wärst — brav!

Ruhb. S. Sagen sie mir, was sie wollen, wenn sie meine Mutter mißhandeln, so achte ich nicht meines Verbrechens, nicht ihres Alters — vergesse mich — die Welt — alles!

Secr. Rasender! —

Louise. (hält ihren Bruder ab) Karl führe deinen Vater weg —

Ober-

Obercomm. Ich will gehen — hängen sollst du nicht, aber —

Mad. Ruhb. (springt auf und umfaßt ihn) Um des barmherzigen Gottes willen!

Obercomm. Aber meinen letzten Heller vermache ich für deine Versorgung im Zuchthause, Mörder! (reißt sich los und geht)

Zehenter Auftritt.

Ruhberg Vater, vom Hofrath und Doktor geführt.

Ruhb. V. (ist entkleidet, vom Doktor geführt, tritt in in die Thüre) O meine Kinder.

(Hier muß der Vorhang schon im Fallen seyn.)

Ruhb. S. (stürzt vor seinem Vater nieder, den die Mutter in ihren Armen hält) Mein Vater, verfluchen sie mich nicht.

Secr. Bleiben sie Vater. (ab)

Louise. (ihm nach) Karl rette uns!

Ende des vierten Aufzugs.

Fünfter Aufzug.

Erster Auftritt.

(Zimmer des alten Ruhbergs)

(Im Hintergrunde steht ein Koffer, halb gepackt, einige Kleider hängen auf Stühlen, Madam Ruhberg will nach dem Kabinet ihres Mannes, Louise kömmt heraus und führt sie vor.)

Louise.

Wohin wollen sie?

Mad. Ruhb. Zu ihm, zu ihm! —

Louise. Schonen sie seiner, er hat sich kaum erholt.

Mad. Ruhb. Grausames Kind, du reissest mich von ihm!

Louise. Um ihrer Ruhe willen.

Mad. Ruhb. Ruhig — ich ruhig? Ja wenn ich leiden könnte für ihn, wenn es ein Mittel gäbe für meine Schuld zu büssen! (Sie reißt sich loß und geht an die Thüre) Es ist verschlossen — ach er hat sein Herz vor mir verschlossen.

Louise Der Doktor wird verschlossen haben, wir sollen ihn etwas ruhen lassen. Ach mein armer Vater leidet auch für sie. Nicht einen Vorwurf hat er ihnen gemacht.

Mad. Ruhb. Nein — o nein! Jeder Blick war Liebe und Güte; um Ehre und Leben hab' ich ihn gebracht — und jeder Blick war Liebe und Güte.

Louise. Liebe Mutter, gehen sie wieder auf ihr Zimmer.

Mad. Ruhb. Wird mir dort leichter seyn? wird mein Gewissen mir dort weniger sagen?

Louise. Ach, er hört sie doch nicht — hört doch ihre Klagen nicht!

Mad. Ruhb. Er muß sie hören — wird

Louise. Ich bitte sie.

Mad. Ruhb. Ich habe ihn elend gemacht, und stilles Dulden ist seine Rache. O! daß er hart wäre — grausam — (wehmüthig) War er denn nie hart gegen mich? — war er nie? — Nein, nie! niemals! O daß er meiner Reue spottete, meiner Thränen lachte, daß er mich von sich stieße —

Louise. Liebe Mutter, ihr Jammer vergrößert sein Elend. —

Mad. Ruhb. Aber ich schwur, jedes Leid mit ihm zu theilen bis in den Tod. Diesem theuren heiligen Rechte kann ich nicht entsagen. —

Louise. Ich verzweifle noch nicht an Hülfe; der Baron ist noch nicht zurück; der alte Ahlden wird sich erweichen lassen.

Mad. Ruhb. O nimmer, nimmer, du siehst ja, er kömmt nicht zurück.

Louise.

Louise. Karl wird seinen Vater nicht verlassen, bis er uns rettet — ich kenne sein Herz.

Mad. Ruhb. Der Baron ist nicht zu finden — (die Hände ringend umher) wir sind verloren — wir sind verloren. Wenn es bekannt wird — Mann oder Sohn dem schändlichsten Tode — Es ist aus — alles ist vorbey — Dieß Haus gehet zu Ende!

Louise. Um unsrer Glückseligkeit willen — fassen sie sich!

Mad. Ruhb. Glückseligkeit? — Hofnung? Das ist vorbey gutes Kind, auch dein Glück hat abgeblühet; bist du nicht meine Tochter? Die Schwester des Diebes? Eine Schmach ruhet auf allen. Du warst Braut — Du bist es nicht mehr. Unglück trennt Verwandte und Liebe.

Louise. Thun sie seinem Herzen nicht weh. Meine Rechte auf ihren Kummer sind auch ihm heilig.

Mad. Ruhb. Wer achtet auf die Thränen einer unglücklichen Mutter! Armes Mädchen, du standst auf dem Gipfel der Glückseligkeit — ich habe dich zurück gestoßen. Elend lasse ich dir zum Erbtheil; in einem dürftigen verachteten Alter wirst du deine Mutter verfluchen!

Louise. Nie, o nie! — ich entsage allem, ich will sie nicht verlassen. Ich will ihres Alters pflegen. Bin ich denn ihre Tochter nicht? Können die Thränen ihrer Louise denn gar nichts erleichtern?! Nichts kann

kann ich mit ihnen theilen, als mein Herz — o liebe Mutter verachten sie es nicht?

Mad. Rubb. Das sagst du mir? Du, die ich hintangesetzt habe, bist meine Stütze, da mich alles verläßt? (Christian kömmt aus dem Kabinet, sie sieht es, und geht schnell hinein) Gott mache dich zu einer glücklichern Mutter als ich bin.

Zweyter Auftritt.

Christian. Louise.

Louise. Ist mein Vater erwacht?

Christian. Gleich wie sie hinaus waren. — Der Doktor hat mich schon ein paarmal gefragt: „Was „denn im Hause vorgieng, warum der alte Herr so „erschrocken wäre."

Louise. Er hat ihm doch nicht gesagt —

Christian. Ey behüte! — „Es wären Nach„richten von der Madam ihren Bruder aus Berlin „eingegangen„ sagte ich: — „von einem großen Un„glücksfall„, das habe ich auch den Leuten im Hause gesagt.

Louise. Wenn doch der Secretair da wär! — schicke er gleich wieder hin.

Christian. Erlauben sie, das macht Aufsehen. Nach dem alten Obercommissair ist auch schon dreymal geschickt; er ist aber nicht zu finden. — Wenn es nur hier nicht immer so unruhig wäre. — Der Herr

Herr ist etlichemal sehr erschrocken, als er der Madam ihre Stimme hörte; wir haben ihn in das Eckzimmer gebracht; dort hört er doch nicht was hier vorgeht.

Louise. Wenn mein Bruder wiederkömmt, sage er ihm, daß mein Vater ihn jezt durchaus nicht sprechen kann. (ab ins Kabinet)

Christian. — Ich weiß schon. — Ich habe es wohl gesehen wie — (packt am Koffer) Daß ich das in dem Hause noch erleben muß!

Dritter Auftritt.

Christian. Ruhberg Sohn.

(In West und Beinkleidern des reichen Kleides, einen Oberrock oder simpeln Frack darüber, gestiefelt — geht gerade auf das Kabinet zu — da er es aber verschlossen findet, nach einigem heftigen Umhergehen) Christian!

Christian. Was befehlen sie?
Ruhb. S. Hast du meinen Vater gesehen?
Christian. — Ja —
Ruhb. S. Was macht er?
Christian. Ach! —
Ruhb. S. Sah er noch so blaß aus?
Christian. — Leider — ja —
Ruhb. S. Schien er nicht etwas mehr Kräfte zu haben?
Christian. — Nein, wahrlich nicht? —
Ruhb. S. Was sagt der Doktor?

Christian. Ach Gott fragen sie mich nicht — (geht wieder zu dem Koffer)

Ruhb. S. Was machst du da! — was packst du da? — Das sind ja meine Sachen! — Wozu das?

Christian. Weiß nicht — der Herr hat mir es befohlen — ich soll mich eilen.

Ruhb. S. Weißt du nicht weswegen?

Christian. Gar nicht.

Ruhb. S. Hat es dir mein Vater selbst befohlen?

Christian. Ja.

Ruhb. S. War er zornig, als er dir es sagte?

Christian. Gar nicht. — „Bring alles Gewehr weg auf mein Zimmer, verschliesse das Haus und packe meines Sohnes Sachen ein„ — als er das gesagt hatte, drehte er sich um — ich hatte ihm eben nichts angemerkt — der Doktor saß in der Ecke an dem großen Glasschranke — er gieng mit gefalteten Händen ruhig die Stube auf und ab — ich gehe, — auf einmal höre ich ihn schluchzen — ich — ich drehe mich um — „Christian„ — sagte er zu mir: — „sag ihm, er solle die Hand nicht an sich selbst legen. —

Ruhb. S. (wirft sich in einen Stuhl)

Christian. Dann trocknete er sich die Augen, und sagte ganz freundlich — ‚Geh mein guter Christian„! — Ach es war ein Anblick zum Erbarmen.

Ruhb.

Ruhb. S. (springt auf) Ich muß ihn sprechen —

Christian. Um Gottes willen nicht —

Ruhb. S. Was willst du?

Christian. Er hats verboten, er will sie nicht sprechen.

Ruhb. S. Ich muß ihn sprechen — ich kann es nicht länger aushalten — ich muß — (er geht hin)

Vierter Auftritt.

Vorige. Baron Ritau.

Baron. Ah — mein Freund —

Ruhb. S. (kehrt zurück) Ha, endlich, endlich! Christian laß uns allein.

Christian. (ab)

Baron. Ich bedaure, die Zeit wird ihnen lang geworden seyn.

Ruhb. S. Nun sind sie ja da. Geschwind — woran bin ich?

Baron. Aber — sie sind ja so zerstreut —

Ruhb. S. Lassen wir das —

Baron. Es ist als ob ihre Gesichtszüge nicht mehr dieselben wären.

Ruhb. S. Nun wie stehts, haben sie Antwort bekommen?

Baron. Ich habe sie, aber —

Ruhb. S. Sie haben? — her damit, her —

Baron.

Baron. (ängstlich und gutherzig) Aber sagen sie mir nur, wie sich das mit —

Ruhb. S. Die Antwort — die Antwort.

Baron. Ihrer Schwester Heirath so schnell gemacht hat.

Ruhb. S. Die Antwort!

Baron. Ich fürchte —

Ruhb. S. Die Antwort — Herr wollen sie mich rasend machen — heraus damit.

Baron. (sehr verlegen) Womit? —

Ruhb. S. Mit dem Billet — der Antwort!

Baron. Sie ist eines theils mündlich —

Ruhb. S. Mündlich! — so! — Nun? —

Baron. Sehen sie — sie müssen die Sache nur aus dem rechten Lichte betrachten. Erstlich wissen sie — das Fräulein ist delikat — sehr delikat — und da mag eben ihrer Schwester Heirath beygetragen haben, daß — daß — daß —

Ruhb. S. Weiter —

Baron. Vor allen Dingen — aber was ich doch fragen wollte, hatten sie bey Reichberg gesagt, daß sie den bestellten reichen Stoff dem Fräulein zum Geschenke bestimmten?

Ruhb. S. Nein nein! — nun — vor allen Dingen?

Baron. Vor allen Dingen muß ich ihnen sagen, daß einige Creditoren dort waren —

Ruhb. S. Dort waren? —

Baron.

Baron. Dort waren, und Bezahlung suchten. Das Fräulein hat unter andern den reichen Stoff selbst behalten, weil der Ladendiener merken ließ, daß sie ihn für das Fräulein bestellt hätten. Auch hat sie hier diesen Wechsel von 50 Rthlr. an eine alte Wittwe bezahlt, welche sich dort im Hause sehr insolent aufführte. Sie überschickt ihnen hier denselben. (Er will Rubberg den Wechsel übergeben, dieser ohne ihn zu nehmen hört ihm erstarrt zu) Bester Freund, ich leide für sie —

Ruhb. S. Weiter!

Baron. Hier dieses Billet — aber

Ruhb. S. Geben sie her — (er bricht) „Monsieur. „Der Herr Baron von Ritau hat mir — (entkräftet und ahndend) O lesen sie, lesen sie weiter —

Baron. „Monsieur, der Herr Baron von Ritau „hat mir ihr Billet übergeben. Anlangend ihre Pro-„position — so ist es mir unbegreiflich, wie sie nur „daran denken können. Ich wüßte nicht, daß ich et-„was gethan hätte, was sie zu dieser Hofnung ver-„leitet hätte.

Ruhb. S. Wüßte sie nicht — sie wüßte nicht! — Das ist nicht wahr Herr, das steht nicht da! —

Baron. Leider steht es da.

Ruhb. S. Nein, nein es ist nicht wahr, (sieht hinein und taumelt fast im Zimmer herum) und wenn alle — jeder — Gott, Gott das ist zu viel: — Weiter, weiter! —

Baron.

Baron. „Eine unschuldige unbedeutende Galan„terie berechtigte sie nicht zu der Hofnung einer Mes„alliance. Ihr Desastre im Spiel wird täglich be„kannter, und giebt zu seltsamen Meynungen Anlaß. „— — Meine Ehre befiehlt mir sie zu bitten, mein „Haus ferner nicht zu besuchen.

Ruhb. S. (wirft sich in einen Stuhl)

Baron. „Ich rathe Ihnen, das Spiel zu aban„doniren, denn sie haben keine Contenance. Uebri„gens wünsche ich ihren Affairen die beste Tournüre. „Dem Herrn Baron Ritau werden sie gefälligst meine „Briefe und Portrait einhändigen."

Ruhb. S. — Ist das alles?

Baron. (mitleidend) — Ja —

Ruhb. S. Nicht wahr — es ist ihr Spaß?

Baron. Was?

Ruhb. S. Hm — das? — Alles was sie gesagt haben.

Baron. Leider — es ist Ernst.

Ruhb. S. Nicht wahr, sie haben ein andres Billet von ihr noch bey sich?

Baron. Wahrlich nicht, ich —

Ruhb. S. Geben sie her —

Baron. Wollte Gott, ich hätte es —

Ruhb. S. Geschwind! — nun! — O um Gottes willen geben sie her —

Baron. Ja ich habe —

Ruhb.

Ruhb. S. Sie haben — o sehen sie (ihn küssend) sehn sie mein Herz sagte mirs ja wohl.

Baron. Lassen sie mich ausreden.

Ruhb. S. Nein doch, nein, nur her!

Baron. Sie täuschen sich gewißlich — hören sie doch: Als ich von ihrer Situation mit ihr sprach, schien sie — wer weiß — sie war auch vielleicht gerührt.

Ruhb. S. O sie wars, sie war es gewiß!

Baron. Sie gieng an ihrer Chatouille und gab mir dieses.

Ruhb. S. (freudig) Nun weiter —

Baron. — Es ist für sie —

Ruhb. S. (ohne zu errathen) Wozu?

Baron. Zu einigen Soulagement ihrer Situation — Es thäte ihr leid — aber sie könnte vor der Hand nicht mehr thun.

Ruhb. S. (wie vom Schlage getroffen) Was?

Baron. Schicken sie es zurück —

Ruhb. S. (der auf das Papier sieht und es nimt) 20 Louisd'or? Mir? — mir 20 Louisd'or?

Baron. Bester Freund!

Ruhb. S. Für eine zu Grunde gerichtete Familie — 20 Louisd'or?

Baron. Schicken sie es zurück.

Ruhb. S. Für einen ermordeten Vater, 20 Louisd'or?

Baron. Um Gottes willen schonen sie sich.

Ruhb.

Ruhb. S. Für eine gestohlne Seeligkeit, 20 Louisd'or! Gut, ich will hin! (sucht den Hut)

Baron. Was?.

Ruhb. S. Ich will quittiren über diese Summe!

Baron. Sie werden doch nicht. —

Ruhb. S. (hat den Hut gefunden.) Kommen sie — wir wollen Rechnung halten!

Baron. (umfaßt ihn) Bleiben sie, ich bitte sie um Gottes willen!

Ruhb. S. Buhlerinn — verfluchte Buhlerinn, so mit meinen Hofnungen zu spielen. Teufel — Teufel — so zu locken — mich bis an die Hölle zu locken! — Rache! Rache!

Fünfter Auftritt.

Vorige, Mad. Ruhberg.

Mad. Ruhb. Was gehet hier vor? — Ah Herr Baron!

Baron. Madam, ich übergebe Ihnen hier ihren Sohn.

{ Mad. Ruhb. Was ist denn vorge —
Ruhb. S. Lassen sie mich!

Baron. Er darf jetzt nicht ausgehen, ich beschwöre sie, halten sie ihn auf. (ab)

Sechs-

Sechster Auftritt.

Madam Ruhberg. Ruhberg Sohn.

Ruhb. S. Laſſen ſie mich, ich lechze nach Rache! ich will Rache haben zum Schauder für jeden weiblichen Teufel, der mit der Seligkeit eines Mannes ſpielt.

Mad. Ruhb. Betrogen von ihr?

Ruhb. S. Schändlich, fürchterlich!

Siebenter Auftritt.

Louiſe, Vorige.

Louiſe. (aus dem Kabinet kommend) Eduard, deine Stimme hat deinen Vater erſchreckt — er zittert an allen Gliedern —

Ruhb. S. Ach mein Vater! —

Louiſe. Geh auf dein Zimmer.

Ruhb. S. Kann ich? — kann ich? —

Louiſe. Er will dich ſprechen, er will dich rufen laſſen — ſammle dich — ſey nicht ſo heftig — ich bitte dich um Gottes willen (ſie führt ihn fort)

Ruhb. S. (indem er ſich fortführen läßt) Geleugnete Betheuerungen, gelogne Liebe — Böſewicht! Vatermörder! (er geht) Verachtung, Verzweiflung und keine Rache!! (ab mit Louiſen)

Mad. Ruhb. (man ſieht ihr während dieſer Szene, ſtumme Verzweiflung an, ahndet einen großen Entſchluß) Der letzte Streich — das vollendet!

Achter

Achter Auftritt.

Fiscal, Mad. Ruhberg.

Mad. Ruhb. Mein Herr —

Fiscal. (verlegen) Madam —

Mad. Ruhb. Ihr Besuch —

Fiscal. Betrifft eine — Angelegenheit die —

Mad. Ruhb. Eine Angelegenheit.

Fiscal. (sich umsehend) O Madam!

Mad. Ruhb. Nun? —

Fiscal. — Der Rentmeister, — ich spräche gern einige Worte mit dem Herrn Rentmeister.

Mad. Ruhb. Verzeihen sie — nicht aus Neugierde, aber mein Mann ist seit einiger Zeit nicht recht gesund — wenn sie ihm also etwas unangenehmes zu hinterbringen hätten — Vielleicht in seinen Dienstangelegenheiten etwas das —

Fiscal. Ist der Herr Rentmeister zu Hause?

Mad. Ruhb. Ja — der Dokter ist bey ihm — wenn sie etwas zu sagen haben, das ihm Verdruß machen könnte, so vertrauen sie mir es an.

Fiscal. Ich sollte nicht — aber —

Mad. Ruhb. Nun mein Herr —

Fiscal. Madam, ich darf ihnen die Ursache meines Hierseyns nicht länger verschweigen. Der Himmel ist mein Zeuge, ich wünschte sie zu schonen — aber — sie müssen es an mir merken — daß mich etwas außerordentliches herführt.

Mad.

Mad. Ruhb. (setzt sich entkräftet) Ach Gott —

Fiscal. Ists möglich? — so ist es an dem?

Mad. Ruhb. (sich fassend) Was?

Fiscal. Verhehlen sie es nicht länger, ich bitte sie — ich muß kurz seyn.

Mad. Ruhb. — Sie sind — es ist — ach! mein Herr.

Fiscal. — Ich muß eilen, verzeihen Sie, meiner Pflicht. Sr. Excellenz haben heute Mittag bereits vernommen, als ob — in ihrem Hause — als ob mit der Kasse ein Unglück sich zugetragen habe. Zufolge geschärften königl. Mandats, muß bey dem mindesten Gerücht ohne Aufschub zur Untersuchung geschritten werden. Der alte Obercommissair ist nicht zu finden. Also ich bin (Er zeigt ein Papier vor) bevollmächtiget, die Kasse zu übernehmen.

Mad. Ruhb. Mein Herr —

Fiscal. Ist es denn würklich an dem?

Mad. Ruhb. (nach einer Pause, sehr entschlossen) Ja, mein Herr.

Fiscal. An dem? — Das ist schrecklich — so ein Haus — so ein Mann! und das muß mich treffen! Glauben sie mir Madam — ich habe Gefühl für ihre Lage und wollte — aber — vergeben sie mir — bedauren sie mich — sie kennen unsre strengen Gesetze — ich muß handeln; ohne Aufschub führen sie uns zu ihrem Herrn Gemahl.

Mad.

Mad. Ruhb. (die ihn mit stiller Verzweiflung anhöret) O nein, mein Herr, das ist unnöthig —

Fiscal. Ich bin von der Redlichkeit ihres würdigen Mannes so überzeugt als sie; aber sein eigner Vortheil will die Beschleunigung der Untersuchung. Führen sie mich zu ihm.

Mad. Ruhb. Erlauben sie —

Fiscal. Madam ich darf mich nicht aufhalten lassen.

Mad. Ruhb. Ich habe ihnen etwas zu sagen, das zur Sache gehört.

Fiscal. Nun dann —

Mad. Ruhb. Der Verlust beträgt 5000 Rthlr. — der Rest ist verschlossen. Der Arzt ist bey meinem Manne — er war erschrocken — sein Leben war in Gefahr — er ist schwach, sehr schwach — verschonen sie ihn mit dem Schrecken ihrer Gegenwart —

Fiscal. Herzlich gerne wollte ich, allein —

Mad Ruhb. Hören sie weiter. Man weiß bereits den Thäter und ich will ihn nennen.

Fiscal. So? Geschwind! —

Mad. Ruhb. Vorher beantworten sie mir eine Frage.

Fiscal. Ich erwarte sie —

Mad. Ruhb. Halten sie mich für eine Frau von Ehre?

Fiscal.

Fiscal. Madam —

Mad. Ruhb. Ja oder nein?

Fiscal. Ja — mein Gott ja!

Mad. Ruhb. Glauben sie zum Beispiel, daß der Drang von Verhältnissen und Begebenheiten, den sanftmüthigsten Menschen zum wüthendsten Teufel machen können?

Fiscal. Ja — aber — ich sehe nicht ein —

Mad. Ruhb. Wenn also ein Mensch, dessen Verträglichkeit ihnen stets schätzbar war — auf einmal ein Mörder wird — werden sie ihn hassen oder bedauren.

Fiscal. Ich weiß nicht Madam, wie.

Mad. Ruhb. Würden sie ihn bedauren oder hassen?

Fiscal. Bedauern würde ich ihn, aber?

Mad. Ruhb. Ja — würden sie? bedauren? — würden sie das? — — — — Ich entwendete meinem Manne diese 5000 Rthlr. (Pause)

Fiscal. — Madam —

Mad. Ruhb. Sie wundern sich?

Fiscal. — Madam —

Mad. Ruhb. — Lassen sie uns nicht hier verweilen — Kommen sie wo ich hingehöre?

Fiscal. Madam, wissen sie was sie gesagt haben.

Mad. Ruhb. Ich weiß — kommen sie —

Fiscal. Mein Gott, wie sind sie — wiederholen sie mir — ist es wahr?

Mad. Ruhb. Peinigen sie mich nicht länger — kommen sie —

Fiscal. Um Gottes willen — sie können den Schritt nicht wieder zurückthun.

Mad. Ruhb. Ich weiß es.

Fiscal. Ihr Leben ist in Gefahr —

Mad. Ruhb. Ich weiß auch das — kommen sie — ich will mit ihnen gehen. Ich folge ihnen geduldig — sie brauchen keine Wache — wir nehmen einen Miethwagen — und sie liefern mich dem Gerichte.

Fiscal. Kann denn die Summe nicht ersetzt werden?

Mad. Ruhb. Nein —

Fiscal. Aber, wollen sie denn nicht erst ihren Mann sprechen.

Mad. Ruhb. Nein. Nur aus dem Gefängniß werde ich ihm schreiben.

Fiscal. Wie, sie wollen ihn nicht erst sprechen? Ihre Kinder —

Mad. Ruhb. Nein, nein — ich muß eilen, daß ich sie nicht sehe — kommen sie, sie wissen, daß sie mich nicht schonen können. Ich erleichtere ihnen ihre Pflicht. Kommen sie.

Fiscal.

Fiscal. Sie müssen diese Aussage vor dem Notarius thun, unterschreiben — er ist da — ehe thue ich keinen Schritt in der Sache.

Mad. Ruhb. Ist das durchaus nöthig?

Fiscal. Durchaus —

Mad. Ruhb. Gut, wir wollen das auf meinem Zimmer in Ordnung bringen — und dann gehen.

Fiscal. Unglückliche Frau.

Mad. Ruhb. Kommen sie —

Neunter Auftritt.

Secret. Ahlden. Vorige.

Secr. (eilig) Ist mein Vater nicht hier?

Mad. Ruhb. Nein.

Secr. (bey Seite) Auch nicht hier gewesen —

Mad. Ruhb. Nein.

Secr. Ich bin ausser mir! — alle Mittel uns zu retten, schlagen fehl —

Mad. Ruhb. Sagen sie meinem Sohne, daß er fliehe — schnell Augenblicks — trösten sie meinen Mann. — Kommen sie mein Herr! (zum Fiscal etwas leiser) Lassen sie uns die guten Leute zur Ruhe bringen (ab)

Secr. Trösten soll ich dich, und habe selbst keinen Trost als Verzweiflung.

Zehnter Auftritt.

Secr. Ahlden, Louise, hernach Christian.

Louise. Bist du da? Bringst du uns Rettung?

Secr. Ach! —

Louise. Keine Rettung? So ist es aus mit uns, wir sind verloren!

Secr. Was macht dein Vater?

Louise. Leidet, und ist dem Tode nahe. Meine Mutter ist in Verzweiflung — Eduard wage ich keine Minute zu verlassen (Im Kabinet des alten Ruhbergs wird gellingelt) Mein Vater ruft — erwarte mich hier.

Secr. Keine Aussicht — gar keine — unmenschlicher Vater du stürzest sie.

Christian. Ihr Herr Vater schickt, sie sollten gleich nach Hause kommen und auf ihn warten —

Secr. Auf ihn warten, und jede Minute ist unschätzbar, wie kann ich? — dort — ja ja ich will gleich kommen — (Christian ab)

Louise. (kommt erschrocken aus dem Kabinet) Ach Gott!

Secr. Was ists?

Louise Er will ihn sprechen —

Secr. Wen?

Louise. Meinen Bruder.

Secr. Hat er ihn noch nicht gesprochen?

Louise. Nein, der Dokter hats verboten. Ach ich zittre vor dieser Zusammenkunft, sie ist meines Vaters Tod. Er fährt zusammen, wenn er nur seinen Namen

Namen nennen hört. Ich will ihn rufen, ich darf nicht weit bleiben. — Mein Vater fürchtet sich für dem Jammer meiner Mutter. Geh du zu ihr, und sprich ihr Trost zu.

Seret. Ich soll meinen Vater zu Hause erwarten. Ich darf nicht hier bleiben. Fasse Muth, ich will thun, was Liebe und Verzweiflung mir eingeben (ab)

Louise. Der Segen der Liebe begleite dich (ab)

Eilfter Auftritt.
Christian allein.

Das hätte mir einer vorhersagen sollen, als ich in das Haus trat, daß es so ein Ende nehmen würde. (schließt den Koffer zu) Wer weiß, wo du noch hinkommst? Wer dich auch auspackt, so redlich meynt er es wahrlich nicht mit meinem unglücklichen Herrn, als ich.

Zwölfter Auftritt.
Der Doktor. Voriger.

Der Doktor. (kommt aus dem Kabinet) Christian, lasse er das Recept machen. Ich bleibe unten im Hause, und wenn seinem Herrn etwas zustossen sollte, so rufe er mich.

Dreyzehnter Auftritt.
Vorige. Ruhberg Sohn.

Ruhb. S. Herr Doktor, was macht mein Vater?

Doktor. Er ist matt — sehr matt.

Ruhb. S. Glauben sie daß der Schreck tödtliche Folgen haben könnte?

Doktor. Im Anfange war ich sehr besorgt wegen der anhaltenden Krämpfe — sie haben aber nachgelassen, und wenn keine heftige Gemüthsbewegung mehr nachkömmt (der alte Ruhberg klingelt, Christian geht hinein) so glaube ich, daß wir nichts zu befürchten haben. Aber — ich begreife nicht, wie ihr Herr Vater an dem Unglück von einem Schwager so gefährlichen Antheil nimmt.

Christian. (zu Ruhb. S.) Ihr Herr Vater wird gleich hier seyn.

Doktor. Er hat mit ihnen zu sprechen — ich werde indeß noch etwas im Hause bleiben. (ab)

Ruhb. S. (geht verzweifelnd umher)

Christian. (zieht den Schlüssel vom Koffer) Da mein Herr.

Ruhb. T. Wozu das? —

Christian. Ihr Herr Vater hat es mir so befohlen (ab)

Ruhb. S. Er wird kommen — in diesem Leben habe ich keinen solchen Augenblick mehr zu gewarten — Er kommt — Gott steh mir bey!

Vierzehnter Auftritt.

Ruhberg Vater (kommt sehr langsam herunter)

Ruhb. S. (sieht zur Erde nieder, und stürzt dann zu seinen Füßen). Erbarmen — Vergebung!

Ruhb.

Ruhb. V. Steh auf — sieh mich an.

Ruhb. S. (wendet sich weg)

Ruhb. V. Sieh mir ins Gesicht!

Ruhb. S. (hebt den Kopf furchtsam auf, und läßt ihn gleich wieder sinken)

Ruhb. V. Du kannst mich nicht ansehen — sieh so wird von nun an das Gesicht jedes ehrlichen Mannes dich blenden.

Ruhb. S. O Gott!

Ruhb. V. Gräßlich bist du mit mir umgegangen — alle Freuden der Welt vermögen nicht, mir die Lebenskraft wiederzugeben — die du heut von mir genommen hast.

Ruhb. S. Weh über mich!

Ruhb. V. Für meine Angst an deinem Krankenbette, für durchweinte Nächte, für jede Entsagung, für frühe graue Haare — für alle Vatersorgen — hättest du mich heute belohnen können, dann stünde ich hier vor dir und freuete mich meines glücklichen Alters — meines gehorsamen Sohnes — Nun stehe ich hier vor dir, mißhandelt von deiner Ueppigkeit und jammre über ein dürftiges, schändliches Alter.

Ruhb. S. Wahr — Schrecklich wahr! Verstoßen sie das Ungeheuer, das für alle ihre Liebe mit Undank und Laster ihnen lohnte. Verfluchen sie mich!

Ruhb. V. Denkst du das von mir — Unglückliches Geschöpf? — Nein, ich fluche dir nicht! —

Wahrlich du bist unglücklicher als ich. Jetzt leide ich, und leide sehr viel; — aber das wird bald aus seyn. Ein Hügel kühler Erde über mich, und mein Elend ist vorbey — mein Andenken verloschen.

Ruhb. S. (einen Ausruf des Schmerzens.)

Ruhb. V. Aber du lebst — du sollst leben — und deine Kräfte sind gelähmt; du bist uneins mit dir, die Menschen wirst du hassen, sie werden dich meiden, ewig wirst du Frieden suchen — und nimmer finden. In fernen Landen, weit von dem Grabe deines Vaters, wird die Thräne der Verzweiflung, auf dürren Boden fallen, niemand wird ihrer achten. Geängstet vom Vergangenen — gequält vom Gegenwärtigen — wird eine kalte fremde Hand deine Augen schliessen — Wahrlich, du bist ein unglückliches Geschöpf!

Ruhb. S. O! mein Vater — mein Vater!

Ruhb. V. Nenne mich nicht so, Unglücklicher! — vor wenig Stunden wäre mir es nicht um ein Königreich feil gewesen, daß ich sagen könnte: — „ich bin Vater dieses Sohns." Aber du hast ihn ja von mir genommen diesen Namen. Geh hinaus in die Welt und sey glücklich! — Wir sprechen uns zum letztenmale.

Ruhb. S. Zum letztenmale?

Ruhb. V. — Zum letztenmale! — ich werde dich umarmen, dich segnen — du gehst — und mein Sohn ist gestorben.

Ruhb.

Ruhb. S. Ich soll sie nicht wieder sehen?

Ruhb. V. — Auf der Welt nicht mehr.

Ruhb. S. Ich soll sie der Schande aussetzen, als ein feiger Bösewicht ein elendes Leben davon tragen?

Ruhb. V. Wenn dir mein letzter Wille heilig ist!

Ruhb. S. Sie in Ketten, mein unschuldiger Vater in Ketten! In Ketten der Schande, die ihm sein Sohn —

Ruhb. V. Ich will es so! Es ist die Bedingung meiner Verzeihung. — Deine Sachen sind gepackt. Nimm die Post, in zwölf Stunden bist du über die Gränze. Hier nimm dieß Geld — Es ist mein letztes — und nun geh — komm nie wieder hieher. — Sey meinetwegen unbesorgt! Der König ist gnädig — ist mir immer gnädig gewesen, er wird mich schonen.

Ruhb. S. Ich kann nicht — ich kann nicht —

Ruhb. V. Alle Freude die mir Gott bestimmt hatte — gewähre er dir. Wenn du jezt von mir gehst — sehen wir uns nicht wieder — es sind die letzten Worte deines Vaters — ehre sie!

Ruhb. S. Sie sind mir heilig!

Ruhb. V. Du gehst in Verzweiflung von mir. Dein wartet vielleicht ein elendes Leben. — Lege deine Hand nicht an dich selbst. Versprich mir das — (Ruhb. S. wendet sich weg) Unglücklicher versprich es!

Ruhb. S. Ich verspreche es.

Ruhb.

Ruhb. V. Und so müsse dich Gott in deiner letzten Stunde verlassen — wo du nicht hältst, was du versprachst. Ich vergebe dir, ich segne dich. Ich drücke dich mit Todesangst an mein Herz. Ich bitte Gott, daß er dein Vater sey, wenn ich nicht mehr bin, daß er — daß (er wird ohnmächtig)

Ruhb. S. Vater, mein Vater! — zu Hülfe — um Gottes willen zu Hülfe! —

Fünfzehnter Auftritt.

Vorige. Louise.

Louise. Mein Vater — o Gott mein Vater — (sie setzen ihn auf einen Stuhl)

Ruhb. S. Er ist tod — Weh über mich. Heiliger — mit Segen gegen deinen Mörder, giengst du aus der Welt —

Louise. Er bewegt sich — er lebt! Gott sey Dank er lebt!

Ruhb. S. O Gott — du gabst ihm dieß Leben nicht wieder, — um ihn in Schande sterben zu lassen.

Sechszehnter Auftritt.

Vorige. Madam Ruhberg. Secretair Ahlden. Obercomm. Ahlden.

Obercomm. Der Bube an seinem Halse — fort von ihm!

Mad.

{ **Mad. Ruhb.** Armer unglücklicher Märtyrer.
{ **Louise.** Er lebt liebe Mutter.

Obercomm. Fort mit dem Buben (er schleudert ihn weg)

Secr. Mein Vater — mein theurer Vater!

Ruhb. S. Retten sie meinen Vater! Ich flehe ihre Barmherzigkeit an, um Rache gegen mich.

Obercomm. (hart) Die will ich nehmen — darum komme ich.

Mad. Ruhb. Darum führten sie mich zurück — darum änderten sie meinen Vorsatz — Zeuge soll ich seyn, wie sie uns zertreten, unsrer Noth spotten.

Obercomm. Sie sind nicht hülflos. Suchen sie nur bey ihren vornehmen Freunden.

{ **Secr.** Mein Vater!
{ **Louise.** Schonen sie uns!

Obercomm. Sie opferten ihnen ja Vermögen, Ehre, Vaterfreuden, Glück und Himmel auf. Fünftausend Rthlr. können sie jezt vom Verderben retten. — Es ist eine Summe, die vielleicht eben jezt auf ihren Spieltischen liegt. Gehen sie, suchen sie doch ihre Hülfe!

{ **Mad. Ruhb.** Unmensch!
{ **Ruhb. V.** O mein Herr!
{ **Secr.** Mein Vater!
{ **Louise.** Ach Gott!

Ruhb. S. Nur zu, mein Herr. Ihre Grausamkeit ist mein Trost. Ich, der Mörder eines theuren

Vaters soll frey ausgehen? Dulden sie das nicht gerechter Mann! — Geben sie mich an; oder haben sie bereits ihre Pflicht gethan?

Obercomm. Ja Herr, das habe ich.

Louise. O Gott!

Mad. Ruhb. Ich unglückliche Mutter!

Ruhb. V. Herr, ich fordre mein Kind von ihnen.

Obercomm. Und ich Herr, fordere von ihnen Rechenschaft für eine Seele, deren Bildung ihnen Gott anvertraute. — Da steht er, das Opfer von Maximen und Weiber-Erziehung. Jezt soll er hingehen in Freyheit und vervollkommen sich zum Bösewicht, und vollenden als Selbstmörder! Elend, Schande und Verzweiflung, sind die Folgen eurer Erziehung. Und du — Mensch! weißt du es wohin du sie gebracht hast? Deine Mutter wollte sich als Thäterinn angeben. Ich hielt sie zurück.

Ruhb. V. Meine Frau!

Ruhb. S. O ich Ungeheuer — meine Mutter!

Obercomm. Auf allen Seiten Elend und nirgends Rettung.

Mad. Ruhb. Rettet euch — rette dich unglücklicher Mann!

Louise. Fliehen sie mein Vater!

Secr. (geht im Hintergrunde heftig auf und nieder)

Obercomm. Es ist zu spät, meine Veranstaltung macht die Flucht unnütze —

Secr.

Secr. Mein Vater — bey dem Andenken meiner Mutter beschwöre ich sie!

{ Ruhb. S. Erbarmen für meinen Vater!
Louise. Um Gottes willen Erbarmen!

Obercomm. Die Thüren eurer vornehmen Freunde sind verschlossen — es eckelt ihnen für eurer Noth. (mit großer Härte steigend) Mich habt ihr verkannt, vielleicht verachtet, meiner altväterischen Sitte verspottspottet. — Meinen Sohn haben sie für ihre Tochter nicht gewollt — nun will ich ihre Tochter nicht für meinen Sohn — (Alle drücken in willkührlichen Worten Verachtung aus) Mein Sohn soll ein reiches Mädgen heyrathen — ein Mädgen — (er wirft einen Geldsack hin und umarmt Louisen) — die allenfalls einen unglücklichen Vater auslösen kann. (Alle erstaunen lebhaft in einzelnen unarticulirten Tönen, aber niemand spricht) Ja ich wäre gern schuldenfrey gestorben — es soll nicht seyn — Nun die Schuld wird mir Gott mit Wucher versetzen!

Ruhb. S. Engel der Rettung!

Mad. Ruhb. Ich kann ihnen nicht danken — ich bin ausser mir.

Obercomm. Komm mein Sohn, dir bin ich diese Belohnung schuldig gewesen. Deinetwegen habe ich selbst von Juden und Christen geborgt. Du warst immer ein guter Sohn, ein gehorsamer Sohn, ein fleißiger Bürger — Gott wird dir gute Tage geben, dich segnen, und ich segne dich auch).

Ruhb.

Ruhb. V. Mann! sie retten mich vom Verderben.

Obercomm. Die Kur war etwas hart — aber auch ein böser Schaden. Junger Mensch, für ihn will ich sorgen — fort muß er, das versteht sich. Aber ich will ihm schon Auskunft geben. Apropos — ich höre das Fräulein hat ihm eine Recreation geschickt — die gebe er mir — im Ernst gesprochen — die gebe er mir. (Ruhb. S. giebt ihm die 20 Louisd'or) So, die will ich dem Fräulein Jesebel persönlich zur schuldigen Danksagung restituiren und noch ein Paar Wörtchen in Kauf! Nun, laßt die Köpfe nicht hängen — sonst gehe ich fort.

Ruhb. S. O mein Herr, Dank ist von mir Unglücklichen zu wenig — Aber Gott sey mein Zeuge —

Obercomm. Meiner gegen ihn an jenem Tage, wenn er nicht ein braver Kerl wird! — Nun bitte ich euch, nehmt ihn wieder unter euch auf! Ehre er eine edle Freyheit, bleibe er bey seines gleichen — sey er redlich gut und froh — und wenn ich schon lange vermodert bin — sage er seinen Kindern, daß sie es auch so machen — und trinkt ein Glas deutschen Weins zum Andenken des alten Obercommissairs.

Ende.